10788

FACULTÉ DE DROIT DE CAEN.

ACTE PUBLIC POUR LA LICENCE.

DU DROIT DE TESTER

THÈSE

SOUTENUE PUBLIQUEMENT

Le vendredi 25 novembre 1864, à 3 heures du soir

DANS LA GRANDE SALLE DE LA FACULTÉ DE DROIT

PAR

Edmond GROULT

Né à Ouilly-le-Vicomte (Calvados)

GAEN

CHEZ F. LE BLANC-HARDEL, IMPRIMEUR-LIBRAIRE

RUE FROIDE, 2

—

1864

*mon ami aumonier, avocat
assurance d'un complet dévoue...
E Groult*

FACULTÉ DE DROIT DE CAEN.

ACTE PUBLIC POUR LA LICENCE.

DU DROIT DE TESTER

THÈSE

SOUTENUE PUBLIQUEMENT

Le vendredi 25 novembre 1864, à 3 heures du soir

DANS LA GRANDE SALLE DE LA FACULTÉ DE DROIT

PAR

Edmond GROULT

Né à Ouilly-le-Vicomte (Calvados)

CAEN

CHEZ F. LE BLANC-HARDEL, IMPRIMEUR-LIBRAIRE

RUE FROIDE, 2

—

1864

4° F

DON
74-00672

A MA FAMILLE.

TÉMOIGNAGE D'UNE AFFECTUEUSE RECONNAISSANCE.

SUFFRAGANTS :

TROLLEY , *Professeur.*
BAYEUX ,   *Id.*
CAUVET , *Professeur , Président.*
CAREL , *Agrégé.*

JUS ROMANUM.

QUERELA INOFFICIOSI TESTAMENTI.

His legis XII Tabularum verbis : *Uti legassit suæ rei ita jus esto,* latissima potestas patrifamilias tribuebatur et nonnunquam ea potestate paterfamilias enisus insanis munificiis spoliabat quos illi sanguinis vincula carissimos efficere debuissent.

« Mox autem id interpretatione coangustatum est, vel legum auctoritate, vel jure constituentium. »

Primum obstaculum a prudentibus erectum adversus patrisfamilias nimiam potestatem fuit necessitas, qua expresse instituendi vel exheredandi liberos suos coactus fuit.

« Nonne enim, ut Paulus dixit, in suis hæredibus evidentius apparet continuationem dominii eo rem perducere, ut nulla videatur hæreditas fuisse quasi olim hi domini essent qui etiam vivo patre domini existimantur ? » Etenim , ut idem scripsit , « post mortem patris non hæreditatem percipere videntur, sed magis liberam bonorum administrationem consequuntur. » Eadem cogitatio emicat in Justiniani Institutionibus, ubi ea scribuntur : « veteres enim hæredes pro dominis appellant. »

Quum ergo hæredes quasi commune dominium cum patre vivo habeant , necesse est ut ille, quum eos e dominio dejicere vult, nominatim dicat. « Nec enim obstat , ait Paulus, quod liceat eos exheredare quos et occidere licebat. »

Liberis autem parvi momenti fuit hæc juris mutatio prudentium : adhuc enim patrifamilias « totum patrimonium legatis atque libertatibus erogare, nec quidquam hæredi relinquere præterquam inane nomen hæredis licuit. »

Itaque prudentes ut novum hæredibus adjumentum invenirent nec frustra studuerunt. Quumque paterfamilias liberis suis vel nullam , vel minorem partem testamento relinqueret, inofficiosum dixerunt ejus testamentum quod ex officio pietatis videbatur fuisse conscriptum. Unde *querela inofficiosi testamenti* qua liberi testamentum patris, nullum , « hoc colore, quasi non sanæ mentis » fuerit quum ordinaverit , accusare possent.

Hanc querelam obiter definit Vinnius (*Select. juris Quæst.*, l. 1 , cap. 19) : « esse speciem dicit, « petitionis hæreditatis qua et testamentum rescindi « postulatur, et simul vindicatur hæreditas tanquam ab « intestato delata. » — Quamvis multi doctissimi viri diversam opinionem sustineant et querelam inofficiosi testamenti non petitionem hæreditatis , sed actionem qua facilius hæreditatis petitio exerceatur sentiant , Vinnii tamen opinionem , ut permultis legibus Digestorum confirmatam amplectimur.

Quæ ad hanc querelam pertinent in quinque capita distribuemus :

1° Cujus testamentum huic querelæ subjiciatur ;
2° Quibus, quando et quibus causis competat ;
3° Adversus quos competat ;
4° Qui sint ejus effectus ;
5° Quæ sit ejus natura et quando cesset.

CAPUT PRIMUM.

CUJUS TESTAMENTUM HUIC QUERELÆ SUBJICIATUR.

Quilibet testator querelæ inofficiosi testamenti subjicitur.

Excipiendi sunt :

1° Milites qui castrense peculium testamento dederunt. Hoc autem adeo manifestum est, ut ne miles quidem testamento militis quærela inofficiosi arguere posset ;

2° Et idem veterani, qui intra annum post militiam decesserunt.

Hic notandum est , si miles vel veteranus non filius, sed paterfamilias sit, non proprie peculium habere et ergo ejus testamentum querelæ subjici ;

3° Et idem filiifamilias qui de quasi castrensi peculio testamentum (ut eis licet ex jure Justiniani) ordinaverunt ;

4° Denique observandum est hac querela adversus pupillare testamentum non posse agi : pupillare enim testamentum est pars et sequela testamenti paterni , nec , eo stante , corruit.

CAPUT SECUNDUM.

QUIBUS, QUANDO ET QUIBUS CAUSIS COMPETAT.

Ex definitione quam de querela inofficiosi testamenti a Vinnio accepimus manifeste apparet solis eam querelam competere hæredibus, qui ad successionem ab intestato vel ad bonorum possessionem vocantur, et unicuique eorum secundum ordinem quo solus vel cum hæredibus veniret.

Non autem ad omnes pertinet qui ad successionem ab intestato veniunt : multi enim excipiendi sunt, quos in decursu notos faciemus.

Et primum hæc querela liberis quocumque sexu, tam emancipatis quam in potestate, vel quidem iis qui ex emancipatis descendunt permittitur. Item de posthumis, si legitimi fieri potuissent quum de patris testamento agitur; quum autem de materno testamento, omnibus liberis tam naturalibus vel quidem spuriis quam legitimis de inofficioso disputare licet: « quia mater semper certa est. » Adoptivi autem soli hac querela uti possunt qui ab ascendente adoptati fuerunt.

Nullis pr. sentibus liberis, ad parentes hæc querela pertinet. « Turbato enim ordine mortis, non minus parentibus quam liberis pie relinqui debet. » Hoc autem nullo alio casu fieri poterit, nisi quum filius mortuus *sui juris* factionem testamenti haberet, scilicet emancipatus contracta fiducia (quod semper ex lege Justiniani præsumebatur); tunc enim solummodo ascendentes ad successionem ejus venire poterant, et ideo testamentum ejus querela accusare possunt.

Filii in adoptionem dati et postea, soluta adoptione, mortui, testamentum pater naturalis inofficiosum dicere potest.

Mater hanc querelam exercere poterat adversus defuncti liberi testamentum pro parte, quam ex Tertuliano senatusconsulto et novis legibus Justiniani ab intestato adipisci potuisset.

Denique, quum defunctus neque liberos, neque parentes relinqueret, et institueret turpes personas, fratribus et sororibus hac querela oppugnare permittebatur.

Præterea defuncti liberos, parentes, fratres et sorores nullis querelam inofficiosi testamenti movere fas est.

Hic observandum est :

1° Quod idem querelam pertinere unicuique hæredi prout ad successionem ab intestato vocaretur vidimus, idem si ille cui hæc querela competit, eam exercere noluit, aut victus recessit, sequenti eam experiri detur;

2° Quod eis, qui immerito exheredati vel omissi fuerunt, id est, quum exheredati fuere vel omissi nullo delicto ab eis perpetrato adversus testatorem solummodo inofficioso agere liceat (Causæ exheredationis secundum jus Digestorum et Codicis arbitrio judicis relinquebantur, secundum autem jus Novellarum legis auctoritate demonstrantur. Quarum horrida series nobis parvi momenti adnotanda videtur). Hoc tamen ibi dicendum est, secundum jus antiquum, quum portionem legitimam quocumque modo obtinuisset, legitimarium a legitima submovendum esse ; sed secundum novum jus Novellarum, quum legitimarius portionem vel majorem legitim⌐ obtinuisset, sed alio quam hæredis titulo, de inofficioso cum agere posse, et hac querela submovendum quum vel unius rei hæres scriptus esset. Sic, mutatis temporibus, mutatur causa querelæ testamenti inofficiosi, cujus quoque effectus mutatos in quarto capite nostro videbimus ;

3° Quod insuper querela inofficiosi testamenti non admittitur, quum exheredato aliud suppetat remedium :

Sic adrogatus a querela removendus est, quia D. Pii constitutione quartam obtinebit.

Item si filius emancipatus præteritus est a patre qui nepotem ejus instituit, hic filius queri de inofficioso non poterit, quia contra natum suum petere bonorum possessionem ei datur.

CAPUT TERTIUM.

ADVERSUS QUOS COMPETAT.

1° Adversus hæredem institutum, jus certum est ;
2° Adversus aliquando fideicommissarium ;
3° Adversus ipsum Imperatorem hæredem scriptum ;
4° Adversus fiscum, ad quem ex caducariis legibus portionem hæredis scripti pervenerit ;

Adversus denique hæreditatis quemvis possessorem, quocumque titulo possideat, exerceri potest hæc querela.

CAPUT QUARTUM.

QUI SINT EJUS EFFECTUS.

—◇—

§ 1.

Secundum jus Digestorum et etiam Justiniani Institutionum, querela de qua agitur totius testamenti ruinam producebat : libertates et legata evanescebant, soluta repetebantur et adeo corruebat testamentum, ut ab intestato locus esset. Quod autem adeo manifestum est ut si quis, ad successionem nullo jure vocatus, hanc querelam, singulari juris sui ignorantia, sustinuisset et casu obtinuisset (hoc enim alicubi

Digestis datur exemplo) : victoria ejus non illi, sed iis, qui ad successionem ab intestato vocarentur, profuisset.

Quum autem plures sint qui ad successionem ab intestato venirent, distinctionem introducemus. — Si unus de inofficioso egerit et hæreditatem universam petierit, victoriam ejus omnibus profuturam haud dubium est. — Si autem partem suam solummodo vindicaverit, minime cum eo ejus cohæredes participes erunt.

Si qua soluta fuerint, ea repetenda esse supra diximus. Quis autem repetet? Discernendum est : — An hæres scriptus fuerit bonæ fidei? Tum legitimarius ab eo procurator factus in rem suam, vel condictione indebiti utili, soluta repetet. — An autem hæres scriptus malæ fidei fuerit? Ipse repetitionem faciet.

Ea erat regula; duæ autem exceptiones notandæ sunt :

Prima exceptio decreto imperatoris Hadriani introducta est hac specie : quum miles, quem mater sua mortuum credidisset et ideo omisisset, adversus testamentum ejus querelam moveret, decreto cautum erat « ut libertates et legata præstentur. »

Secunda exceptio in epistola Divorum fratrum continetur : — Libertates et legata manere, hærede non respondente, voluerunt.

In his duobus casibus quartam a legitimario retineri posse, ut scriptus hæres potuisset, putamus.

Aliquando evenire poterat ut testamentum de inofficioso insimulatum partim rescinderetur. — Testator quidam , exempli gratia, duos hæredes instituit, quorum unus integræ existimationis , alter turpis persona. Postquam vita decesserit, frater ejus adversus alterum solummodo agere poterit; alter vero securus partem successionis quam a testatore acceperit retinebit : « quod si fuerit, pro parte testatus, pro parte intestatus decessisse pater videbitur, » « nec enim absurdum. »

§ 2.

Secundum jus Novellarum oppugnatum hac querela, totum non corruit testamentum; lex nova in regulam erigens quæ in duobus exceptionibus adnotavimus statuit, ut querela victor legitimam portionem rerum hæreditariarum accipiat, libertates autem et legata præstet.

CAPUT QUINTUM.

QUÆ SIT EJUS NATURA ET QUANDO CESSET.

Querela inofficiosi testamenti , actio in rem scripta, ad hæredes non transit, nisi legitimarius controversiam cœperit vel præparaverit.

Cessat autem hæc querela :

1° Si a legitimario cum hæredibus scriptis transactum est : « non minorem enim auctoritatem transactionem quam rerum judicatarum esse recta ratione placuit » (Imp. Diocletianus et Maximianus);

2° Si legitimarius « post rem inofficiosi ordinatam »
litem detulerit

3° Si legitimarius ab hæredibus scriptis, sciens eos
esse hæredes, aliquid secundum testamentum postu-
laverit et ita « judicium defuncti agnoverit »;

4° Denique si intra biennium, secundum jus antiquum, si intra quinquennium, secundum jus novum
post additionem hæreditatis controversiam non moverit.

Hos omnes casus, quibus querela inofficiosi testamenti exstinguitur subsequenti regula resumendos
credimus : *quoquo modo legitimarius testamentum
agnoverit, a querela submovendus est : quæ nec ad hæredes transit, nisi quum intra tempus statutum actionem præparaverit.*

QUÆRITUR

I.

Num querela inofficiosi testamenti sit actio distincta ex petitione hæreditatis?
Respondeo negative.

II.

An, quum ille cui querela competit, eam exercere noluit, aut victus recesserit, pertineat de novo querela ad eum qui tunc ad successionem ab intestato vocaretur?
Puto.

III.

An adversus fideicommissarium querela uti liceat?
Distinguere fas est.

IV.

An de inofficioso insimulatum testamentum partim rescindi possit?
Puto.

Legi :

J. CAUVET.

Typis mandetur :

Academiæ Rector,

THÉRY.

DROIT FRANÇAIS.

DU DROIT DE TESTER.

GÉNÉRALITÉS.

Dicat testator, et erit lex.

Dans tous les temps et dans tous les lieux, même aux époques et dans les pays où le *droit de tester* n'existait pas encore, parce que le droit de propriété ou n'existait pas lui-même, ou était régi par des principes bien différents de ceux qui lui servent de base aujourd'hui , on a toujours environné d'un religieux respect les dernières volontés des mourants : leurs moindres désirs ont paru des ordres, on se serait fait un crime de ne pas les respecter.

En présence de cette vénération universelle du genre humain pour les dernières recommandations de ceux qui vont cesser de vivre , comment douter un instant de la légitimité du droit de tester? N'est-ce pas un des droits les plus sacrés dont l'homme puisse jouir ici-bas et, pour ainsi dire, le seul droit dont il désire conserver l'exercice à ses derniers moments ? Pour nous, sans indiquer ici d'autres motifs de notre opinion, nous considérons ce droit comme légitime, et il nous semble qu'il faudra lui donner une extension de plus en plus grande, à mesure que la moralité générale s'élèvera. Ainsi le veut, suivant nous, la marche presque insensible, mais incessante de la civilisation, qui tend ou doit tendre à développer chaque jour la personnalité humaine, en élargissant la sphère d'action de l'individu, ses droits et ses libertés.

Le Code Napoléon ne donne point la définition du *droit de tester*, il se borne à donner dans son art. 895 la définition du testament : « Le testament, nous dit « cet article, est un acte par lequel le testateur dis- « pose, pour le temps où il n'existera plus, de tout « ou partie de ses biens, et qu'il peut révoquer. »

Cette définition est incomplète, puisqu'elle ne s'applique ni aux substitutions permises, ni aux délations de tuteurs par le dernier mourant des père et mère, ni à une foule d'autres clauses qui peuvent se rencontrer dans un testament, à côté des libéralités qu'on a le droit d'y faire.

La loi romaine avait été plus heureuse : elle avait donné du testament la définition suivante : « Testa- « mentum est voluntatis nostræ justa sententia de « eo quod quis post mortem suam fieri vult (Dig., « lib. XXVIII, tit. I, 1. 1).

Nous aidant de ces deux définitions de l'acte par

lequel on use du droit d'exprimer ses dernières volontés, nous allons hasarder la définition suivante du droit lui-même :

« Le droit de tester est, selon nous, le droit de faire, par un acte appelé *testament*, des libéralités posthumes, d'imposer par cet acte certaines obligations, d'y faire certaines recommandations, d'édicter enfin ses dernières volontés pour le temps où l'on ne sera plus. »

Deux caractères généraux distinguent ce droit : il est essentiellement *personnel* et essentiellement *facultatif*.

Il est essentiellement *personnel*, c'est-à-dire qu'il ne peut être exercé que par celui à la personne duquel il est attaché ; qu'on doit, dans l'acte de dernière volonté, retrouver la vivante expression de la volonté libre, l'empreinte de la personnalité du testateur. — D'où il résulte : 1° que nul ne peut tester pour autrui (Arg., art. 895) ; 2° que ni les légataires, ni les autres personnes mentionnées dans cet acte, ne doivent y intervenir (Arg., art. 895) ; 3° enfin, que les testaments conjonctifs sont prohibés (Art. 968). (Personne ne va cependant jusqu'à dire qu'il y aurait nullité, sauf le cas où il y aurait eu captation, si le testateur, pour faire son testament, s'était aidé des conseils d'un ami.)

Il est essentiellement *facultatif*, c'est-à-dire que tous ceux qui ont ce droit peuvent l'exercer ou négliger de le faire ; qu'ils peuvent changer, modifier, révoquer le testament qu'ils auraient fait antérieurement (Art. 1035 et suiv.). Il résulte de là que, tant que le testateur conserve ce droit, aucun droit, aucune obligation n'existe pour ou contre les personnes qu'il a désignées dans son testament, parce qu'il lui est loisible de les décharger des obligations qu'il a voulu leur imposer, ou de les priver des libéralités qu'il a voulu leur faire. Rien, du reste, n'est plus logique que ce *jus pœnitendi* absolu accordé au testateur. Chaque jour, en effet, apporte avec lui son contingent d'expérience et modifie quelquefois notre volonté, en changeant nos opinions : « Ambulatoria est voluntas ho- « minis usque ad mortem. » Souvent, il arrive que, mieux instruit aujourd'hui qu'hier, « on brûle ce « qu'on avait adoré, on adore ce qu'on avait brûlé. »

Avant d'entrer dans l'examen des détails de notre sujet, disons quelques mots de la nature des conditions qui peuvent accompagner les diverses clauses d'un testament.

L'art. 900 nous apprend que, « dans toute disposi- « tion entre vifs ou testamentaire, les conditions im- « possibles, celles qui sont contraires aux lois ou « aux mœurs, seront réputées non écrites. » On trouve dans cet article comme une réminiscence de cette maxime romaine : « Nemo potest in suo testa- « mento cavere ne leges in suo testamento locum « habeant» (L. 55, Dig., *De legatis*, 2°). Remarquons, mais sans en indiquer les motifs, que le principe opposé est consacré par l'art. 1172 pour les actes à titre onéreux.

Toutes les fois donc qu'il se rencontrera dans un testament une condition impossible, contraire aux lois ou aux bonnes mœurs, il faudra se demander si le testateur en l'écrivant était bien sain d'esprit, comme cela est impérieusement exigé par l'art. 901.

Du rapprochement de ces deux articles 900 et 901 naît en effet une grave difficulté ; car, de deux choses l'une : ou il faudra regarder le testateur comme sain d'esprit en effaçant la condition conformément à l'art. 900, et alors déclarer son testament valable ; — ou bien le déclarer privé de raison, et alors annuler son testament comme fait en dehors des conditions de capacité exigées par l'art. 901. Quel parti prendre et comment résoudre cette question ?

Nous croyons pouvoir poser ici quelques principes, qui nous paraissent applicables à toutes les difficultés analogues.

1er *Principe.* — Le testament sera valable dans son entier s'il résulte de la disposition à laquelle est apposée la condition impossible, illicite ou contraire aux bonnes mœurs, que le testateur a voulu faire une plaisanterie plus ou moins ridicule ou inconvenante : comme si, par exemple, il léguait sa maison « à condition que son légataire toucherait le ciel du doigt. » Alors, on appliquerait l'art. 900.

2e *Principe.* — Le testament sera valable dans son entier, et il faudra encore appliquer l'art. 900, si la condition illicite, immorale ou impossible dénote, non pas la folie du testateur, mais une bizarrerie de sa volonté, son ignorance de la loi ou son immoralité. Tel sera le cas où il aurait légué à Paul, « à condition que celui-ci épouserait sa parente à un degré prohibé. » Le legs subsistera, mais la clause sera réputée non écrite.

3e *Principe*. — La libéralité seulement à laquelle la condition illicite, impossible ou immorale est apposée, sera nulle, si le testateur fait dépendre l'existence même de cette libéralité de l'exécution de la condition qu'il y a mise. — Dans cette hypothèse, en effet, il ne s'agit plus de l'application de l'art. 900 ou de l'art. 901, mais de l'art. 1131 qui déclare nulle toute obligation sans cause ; le legs tombera, parce que le testateur n'aura plus la volonté de léguer. C'est ce qui aurait lieu dans l'exemple que nous avons précédemment choisi d'un legs fait à Paul, à condition que ce dernier épousera sa parente à un degré prohibé, si le testateur ajoutait : « Et si l'on considère la condition à laquelle je soumets mon legs comme illicite, je déclare ne plus vouloir léguer à Paul. » D'ailleurs, ne peut-on pas voir ici, comme le fait remarquer le savant doyen de la Faculté de Caen (t. I, n° 208), « non pas « une libéralité, mais l'offre d'un marché honteux, « dans lequel le proposant met à prix la mauvaise « action qu'il cherche à obtenir de celui auquel il fait « son offre ? » Alors on appliquerait l'art. 1131, non plus parce qu'il y aurait une obligation *sans cause,* mais parce qu'il y aurait une obligation fondée sur une cause *illicite.*

4e *Principe*. — Enfin, le testament sera nul dans son entier s'il résulte de la nature même de la condition, ou des motifs sur lesquels elle repose, que le testateur n'était pas sain d'esprit. Alors il faudra appliquer l'art. 901.—Ce principe servira à résoudre l'hypothèse d'un legs fait sous la « condition de trouver la quadrature du cercle » ou « un bâton sans deux bouts, » pour l'employer à un usage que le testateur regarderait comme sérieux.

Nous aurons plus loin l'occasion de faire remarquer qu'un fou ou un monomane peut valablement tester quand il se trouve dans un intervalle lucide. Au reste, que les testateurs soient ou non habituellement sains d'esprit, les principes que nous venons de poser seront toujours applicables. En les rapprochant, on arrivera à cette conclusion que, si l'on ne trouve dans l'acte incriminé aucune trace de folie ou de monomanie, on peut affirmer, presque avec certitude, la sanité d'esprit de celui qui l'a fait.

En décretant que, dans les actes de libéralité, les conditions impossibles, illicites ou immorales seraient réputées non écrites, nos législateurs ont voulu montrer la faveur dont ils entouraient ces sortes d'actes, qui témoignent une noble générosité de la part de celui qui les fait. Nous applaudissons à la règle qu'ils ont posée relativement aux conditions impossibles ou illicites, car il y a des conditions sur la légitimité ou la possibilité desquelles il peut s'élever des doutes ; et, d'ailleurs, il fallait faire une large part à l'ignorance ou à la préoccupation d'esprit de ceux qui se trouvent en présence de la mort. Mais il nous semble que les clauses immorales, même dans les actes à titre gratuit, devraient peut-être, comme dans les contrats à titre onéreux, rendre nulle la convention qui en dépend ; car personne ne doit confondre ce qui est moral avec ce qui ne l'est pas. De pareilles clauses ne méritent pas de passer inaperçues, quelle que soit la faveur dont on entoure les actes où elles se trouvent.

Le droit de tester est peut-être un des droits les plus complexes et les moins définis du Code Napoléon. Régi à la fois, sous le rapport de la capacité des personnes, par le statut personnel, et sous le rapport de la quotité disponible, par le statut réel, il touche à peu près à toutes les matières du droit. — Bien que ce droit ne puisse être exercé que suivant les formes législativement déterminées pour en assurer la régularité, nous laissons de côté tout ce qui concerne ces formes ; car elles ne sont, pour ainsi dire, que le manteau du droit. — Ainsi restreint, notre sujet, encore bien difficile pour notre inexpérience, se bornera à l'examen du fonds du droit lui-même ; nous le diviserons en deux parties :

Dans la première, intitulée *Capacité*, nous examinerons les conditions de capacité requises pour tester, et en faveur de quelles personnes il est permis d'exercer ce droit ;

Dans la seconde, intitulée *Disponibilité*, nous examinerons les principales matières qui peuvent entrer dans un testament.

PREMIÈRE PARTIE.

CAPACITÉ.

Le pouvoir qui flatte le plus l'homme, dans ses derniers moments et même dans le cours de sa vie, est celui de disposer de ses biens au gré de ses affections. C'est un besoin pour son cœur, c'est un droit inhérent à la propriété. La loi qui règle l'usage des propriétés ne peut pas, sans une rigueur que la nature désavoue, ravir totalement ce droit au citoyen, mais elle ne peut pas, sans une indiscrétion impolitique, lui laisser une liberté indéfinie.

(Le tribun Favard au Corps législatif. Séance du 29 floréal an XI.)

Toutes les fois qu'un droit est légitime, on peut dire que la capacité de l'exercer est la règle, et l'incapacité l'exception. Or, nous avons établi plus haut la légitimité du droit de tester; nous devons en conclure que tous les citoyens sont appelés à en jouir, à l'exception de ceux qui, pour une raison ou pour une autre, doivent en être privés. — En effet, l'art. 902 est ainsi conçu :

« Toutes personnes peuvent disposer et recevoir
« soit par donation entre vifs, soit par testament,
« excepté celles que la loi en déclare incapables. »

Il résulte de cet article :

1° Que tout individu est capable de tester , sauf ceux qui en sont déclarés incapables par la loi ;

2° Qu'il est permis de disposer de sa fortune en faveur de toutes personnes , à l'exception de celles que la loi déclare incapables de recevoir.

Afin de mieux mettre en lumière ces deux principes , qui méritent des explications détaillées , nous consacrerons à chacun d'eux un chapitre spécial , ou plutôt nous verrons , dans ces chapitres , les exceptions apportées par la loi à chacun de ces principes.

CHAPITRE I".

PERSONNES INCAPABLES DE TESTER OU AU MOINS QUI N'ONT PAS LA PLÉNITUDE DE CE DROIT.

Au principe que tout le monde a le droit de tester , la loi apporte deux sortes d'exceptions : les unes absolues , les autres relatives. Nous allons les passer en revue successivement.

§ 1er.

Incapacités absolues.

Deux classes d'individus en sont frappées : ce sont les mineurs de moins de seize ans (art. 903), et ceux qui ne sont pas sains d'esprit (art. 901).

A. Le mineur de moins de seize ans est absolument incapable de tester : tel est le principe posé à l'art. 903. Nos législateurs ont regardé comme ridicule d'accorder à l'enfant un droit qui suppose une expérience des hommes et des choses, que sa trop courte existence l'a empêché d'acquérir.

B. D'après l'art. 901, il est absolument interdit à ceux qui ne sont pas sains d'esprit de disposer de leur fortune par donation entre vifs ou par testament.

L'homme frappé d'insanité d'esprit n'est plus que l'ombre d'un homme, ou plutôt l'homme lui-même s'est éteint quand ont disparu les dernières lueurs de l'intelligence. A quoi bon alors laisser à ces malheureux un droit dont ils n'ont plus conscience ? Ne serait-ce pas laisser entre leurs mains une arme, que le premier intrigant venu pourrait tourner contre eux pour les dépouiller, en leur faisant faire une donation entre vifs, ou pour dépouiller leur famille, en leur dictant à son profit un testament ?

Mais quels sont les individus qui ne sont pas sains d'*esprit* ? Il y a plusieurs séries d'individus qui méritent plus ou moins d'être rangés dans cette triste catégorie ; nous allons les examiner successivement, ce sont :

1° Les individus en état d'ivresse ;

2° Ceux qui sont en proie à une passion assez violente pour troubler leur esprit ;

3° Ceux qui, par suite de la maladie grave dont ils sont atteints, se trouvent dans un état momentané de délire ;

4° Ceux qui sont atteints d'une folie universelle ou partielle ;

5° Les idiots ;

6° Les individus pourvus d'un conseil judiciaire ;

7° Enfin les interdits.

Personne ne doute que les individus des quatre premières catégories, que nous venons d'énumérer, n'aient la plénitude du droit de tester, quand la cause plus ou moins accidentelle de leur dérangement d'esprit vient à cesser, et que ceux même qui sont dans un état habituel de folie peuvent tester, quand ils se trouvent dans leurs moments lucides. Dans ces intervalles en effet, plus ou moins longs, où le flambeau éteint de leur intelligence vient à se rallumer, ils sont sains d'esprit : or, la loi n'exige rien de plus.

Pour ce qui est de ces tristes êtres, plus voisins de la brute que de l'homme, et qu'on désigne sous le nom de crétins ou d'idiots, évidemment, on ne leur accordera pas le droit de tester ; et d'ailleurs, le leur accordât-on, ils n'en useraient pas.

Mais il n'en est pas de même des individus pourvus d'un conseil judiciaire : nul doute qu'ils n'aient conservé, dans son intégrité, la plénitude du droit de tester. On peut bien leur défendre, aux termes de l'art. 513, de transiger, d'emprunter, de recevoir un capital mobilier et d'en donner décharge, d'aliéner ou de grever leurs biens d'hypothèques, sans l'assistance du conseil qui leur sera nommé ; mais on ne peut leur enlever aucun droit de plus.

Enfin, nous croyons encore qu'il faut reconnaître

pleinement ce droit même aux interdits, quand ils se
trouvent dans un intervalle lucide. — Cette question,
du reste, soulève, à cause de son importance, les plus
violentes controverses ; nous ne la discuterons pas
ici, nous la réservons pour nos positions.

§ 2.

Incapacités relatives.

Deux classes d'individus ne peuvent exercer qu'im-
parfaitement le droit de tester : ce sont les mineurs de
plus de seize ans (Art. 904) et les individus condamnés à une peine afflictive perpétuelle (Art. 4, loi
du 31 mai 1854).

A. Pour les mineurs âgés de plus de seize ans, la
règle est posée à l'art. 904 :
« Le mineur parvenu à l'âge de seize ans, nous dit
« cet article, ne pourra disposer que par testament,
« et jusqu'à concurrence seulement de la moitié, des
« biens dont la loi permet au majeur de disposer. »
. Remarquons que cet article ne restreint le droit
de tester, pour les mineurs de plus de seize ans,
qu'en ce qui concerne la quotité disponible ; mais qu'il
ne restreint pas, et qu'aucun article ne restreint leur
droit relativement aux autres matières qui peuvent
faire l'objet d'un testament. Ainsi, ils peuvent léguer
la quotité disponible à celui de leurs enfants qu'il leur
plaira d'avantager ; ils peuvent faire entre eux le par-

tage d'ascendant ; si, par une singulière et bizarre prévoyance, il leur plaît de grever de substitution l'un ou quelques-uns de leurs enfants, ils auront ce droit ; ils pourront aussi user du droit de substitution (et cette hypothèse sera beaucoup plus fréquente que la précédente) au profit de leurs neveux et nièces. Un droit dont ils useront plus encore, quand l'occasion s'en présentera, sera de nommer un tuteur à leurs enfants.

Il nous reste maintenant à préciser l'âge où ils commencent à jouir du droit de tester, d'abord restreint et enfin absolu. — Des termes de notre article, « le mineur parvenu à l'âge de seize ans, » il faut conclure qu'il n'est pas nécessaire que la seizième année soit révolue, qu'il suffit que la dernière minute de la quinzième année soit écoulée pour que le mineur puisse exercer le droit restreint que lui accorde notre article. Aussi, l'enfant né à midi, le 1ᵉʳ janvier 1800, aura pu tester à midi, le 1ᵉʳ janvier 1816. — Enfin, il résulte de l'art. 388, qui fixe la majorité à vingt-un ans révolus, que ce même enfant n'aura eu la plénitude du droit de tester qu'à partir du 1ᵉʳ janvier 1822. — Pendant cette période, il ne jouira que d'un droit restreint, que d'une quasi-liberté proportionnée à la faible dose d'intelligence et de volonté qu'on lui suppose.

B. La seconde prohibition relative frappe les individus condamnés à une peine afflictive perpétuelle. Ils ne peuvent, d'après l'art. 3 de la loi du 31 mai 1854, disposer de leur fortune, soit par donation entre vifs, soit par testament, si ce n'est pour cause d'aliments.

Ceci nous donne l'occasion de remarquer qu'au

degré de civilisation où nous sommes parvenus, non-
seulement la confiscation des biens du condamné est
abolie (ce qui était une suprême injustice, puisqu'on
punissait ainsi des innocents), mais encore qu'il est
dans le vœu de la loi que les biens du condamné res-
tent dans sa famille, afin, s'il se peut, d'en moraliser
les membres. C'est là une des raisons pour les-
quelles on a cru devoir défendre à ce dernier d'en
disposer à titre gratuit. Et d'ailleurs, si on lui eût
conservé ce droit, on eût eu à craindre qu'il n'en usât
pour récompenser ses complices. Enfin, n'eût-il pas
été fâcheux d'accorder, aux dernières volontés d'un
individu couvert de crimes, la même force obligatoire
qu'à celles de l'homme de bien ? Remarquons, cependant, qu'aux termes de l'art. 4 de cette même loi, les
individus condamnés à une peine afflictive perpétuelle
peuvent être relevés, par le Gouvernement, de tout
ou partie des incapacités prononcées contre eux.

CHAPITRE II.

PERSONNES AUXQUELLES LE TESTATEUR NE PEUT RIEN LÉGUER, OU
SEULEMENT DES SOMMES MOINDRES QUE LA QUOTITÉ DISPONIBLE
ORDINAIRE.

Il y a des individus auxquels il est défendu de rien
léguer ; il y en a d'autres auxquels on ne peut léguer
que des sommes modiques ou rémunératoires. —
Nous allons successivement nous occuper de ces deux
espèces de prohibitions, les unes absolues, les autres

relatives, et indiquer quelques-unes des causes qui les ont fait admettre.

§ 1er.

Personnes absolument incapables de recevoir.

A.-B. Il est défendu de rien léguer : 1° aux enfants qui ne seraient pas encore conçus à la mort du testateur (art. 906, § 2); 2° aux enfants qui, conçus à cette époque, ne naîtraient pas viables (art. 906, § 3).

Nous réunissons à dessein ces deux incapacités de recevoir, qui n'en font qu'une qu'on peut ainsi formuler : « Tout legs fait en faveur de l'enfant qui ne sera pas conçu à l'époque du décès du testateur ou qui, conçu à cette époque, ne naîtra pas viable, sera caduc. »

Pourquoi cette prohibition? Une raison d'économie politique la justifie : il ne faut pas qu'il y ait d'incertitude dans l'appropriation des choses. En d'autres termes, aucune transmission de propriété ne peut être faite qu'à une personne, soit physique, soit morale, actuellement existante, et ayant la capacité juridique nécessaire pour la recueillir. — A la suite de cette raison, on a introduit en faveur des enfants cette fiction de droit pleine d'humanité : « *Infans conceptus pro nato habetur, quoties de commodis ejus agitur.* »

Mais à quelle époque devra-t-on réputer l'enfant conçu?

De la combinaison des art. 312 et 315 sort la réponse. Il faudra décider :

1° Que l'enfant qui naît le 180° jour, date du décès du testateur, était conçu à cette époque ;

2° Que, s'il naît le 300° jour après le décès, il n'était pas conçu à cette époque ;

3° Que l'enfant qui naît entre le 180° et le 300° jour, date du décès du testateur, pourra être, mais ne sera pas nécessairement, réputé conçu. Il y aura une question de fait que les tribunaux apprécieront suivant les circonstances.

Dans le premier cas, le legs fait à cet enfant sera valable ; dans le second, il ne le sera pas ; dans le troisième, s'il se mêle au débat une question de légitimité de cet enfant, le legs qui lui sera fait sera valable, si sa légitimité est proclamée ; nul, dans le cas contraire.

La clause par laquelle un testateur léguerait à un enfant qui ne serait pas encore conçu lors de son décès, à condition qu'il viendrait à naître dans un délai déterminé, *si nascatur*, est-elle valable ? En présence du texte formel de notre article, nous n'hésitons pas à soutenir la négative.

Cependant, il y a un moyen de gratifier un enfant qui ne sera pas encore conçu lors de son décès : il suffit de léguer à une personne capable de recevoir, sous la condition que cette personne remettra le legs à l'enfant s'il vient à naître. On cite comme exemple le legs fait à la ville d'Orléans d'une rente de 9,000 fr. pour doter pendant trente ans, chaque année, trois jeunes filles de dix-neuf à vingt ans, et celui fait par

M. de Beaumont à la Faculté de Paris, pour honorer celui des aspirants au doctorat qui aura fourni le meilleur mémoire.

Aucun doute ne peut s'élever sur la validité du legs dans les deux exemples que nous venons de citer, mais il pourra souvent arriver que l'on ne saura pas, au premier abord, si l'on se trouve en présence d'un legs conditionnel ou d'une substitution prohibée. — Voici, croyons-nous, la règle pour lever la difficulté : il y aura substitution toutes les fois qu'il y aura un héritier constitué, de telle sorte qu'il reste pleinement propriétaire de l'objet légué, à condition qu'il survivra aux personnes auxquelles il est chargé de remettre cet objet. Cette substitution sera prohibée si elle est faite en dehors des prescriptions des art. 1048 et 1049, alors elle tombera sous le coup de l'art. 896. — Il y aura, au contraire, un legs simplement conditionnel et valable, aux termes de l'art. 1040, si la libéralité testamentaire n'est pas faite sous cette condition de survie ou quelque autre équivalente.

O. La loi romaine déclarait nul le legs fait aux personnes incertaines, c'est-à-dire à celles qui étaient inconnues du testateur et dont il ne pouvait se représenter l'individualité.

Cette prohibition n'est pas textuellement reproduite par le Code Napoléon. Cependant, on peut déduire de certains principes qui y sont posés une prohibition analogue, c'est-à-dire qu'on n'attachera plus à l'expression « personne incertaine » le sens qu'on y attachait autrefois. Aujourd'hui, il faut entendre par personnes incertaines « celles dont l'acte même de « disposition ne détermine pas actuellement l'indivi- « dualité et n'indique non plus aucun moyen, aucun « événement par l'accomplissement duquel elle pour- « rait être plus tard déterminée. » (Demolombe, t. 1, n° 608.)

Ainsi, il faudra voir un legs fait à une personne incertaine, et par suite caduc, dans une clause ainsi conçue :

« Je lègue à Pierre telle somme d'argent pour la « remettre à une personne, que je ne veux pas « nommer ici, mais dont je lui ai parlé. »

Le testament, en effet, est un acte solennel soumis à certaines formalités rigoureuses (art. 893), en dehors desquelles il ne saurait exister valablement (art. 1001). — Pour qu'il soit complet, il est de toute évidence qu'on doit y rencontrer la désignation du légataire; or, précisément dans l'exemple que nous avons choisi, cette désignation manque. — On con- naît bien la personne chargée de remettre l'objet du legs, mais l'acte ne désigne pas celle qui doit le re- cueillir; le vrai légataire n'est pas désigné, il y a donc nullité.

De même, nous croyons qu'il faudra annuler une clause ainsi conçue : « Je lègue à Pierre telle somme d'argent, à condition qu'il l'emploiera conformément au secret que je lui ai confié. » Il serait vraiment trop facile, avec de pareilles clauses, de masquer ou des substitutions ou des libéralités à des personnes aux- quelles la loi défend d'en faire. La personne désignée par le testateur pour recueillir un legs ainsi fait dût-elle demander à prouver qu'il doit être tout entier employé à son profit, les légataires ne seraient pas législativement obligés de l'en croire et pourraient toujours repousser sa demande.

Il nous reste, sur ce point, une dernière question à examiner : « Un testateur a-t-il le droit de donner à son légataire la *faculté d'élire*, pour restituer tout ou partie du legs qu'il met à son nom? » Sans entrer ici dans l'examen de toutes les hypothèses qui peuvent se présenter, nous allons poser deux principes qui nous paraissent propres à les résoudre toutes.

1er *Principe.* — Si, par une bizarrerie singulière, le testateur a donné la faculté d'élire absolue, indéfinie, « *mero arbitrio legatarii,* » cette clause sera réputée non écrite, aux termes de l'art. 900, comme contraire à l'art. 23 de la loi du 17 nivôse an II, qui déclare cette faculté prohibée ; or, le Code Napoléon n'a pas effacé cette prohibition.

2e *Principe.* — Si le testateur a restreint la faculté d'élire à une classe de personnes déterminées (et c'est ce qu'il fera dans l'immense majorité des cas), il arrivera de deux choses l'une : ou il aura voulu faire une substitution prohibée, et alors toute la disposition sera nulle, conformément à l'art. 896 ;—ou bien il aura fait un legs conditionnel, et alors sa libéralité sera valable conformément à l'art. 1040. Dans cette seconde hypothèse, la faculté d'élire étant plus apparente que réelle, ne tombera plus sous le coup de la loi du 17 nivôse an II et devra être exécutée. On pourrait citer, pour exemple, dans cette seconde hypothèse, le legs fait à un ami, à condition de rendre l'objet légué à tel enfant quand il aura atteint sa majorité.

D. Il est défendu absolument au jeune homme, qu'il soit encore mineur de plus de seize ans ou déjà majeur, de donner ni rien léguer à son tuteur ou à son ex-tuteur, tant que le compte de tutelle n'aura pas été rendu et apuré (art. 907, § 1 et 2). On conçoit sans peine le but de cette prohibition, en ce qui concerne les donations. Bien peu de jeunes gens, en effet, auraient résisté à la proposition de leur tuteur leur offrant de leur laisser la libre disposition de leur fortune, à condition qu'ils allaient lui faire telle ou telle libéralité. Elle se comprend moins en ce qui concerne le legs, cependant elle peut avoir encore son utilité.

Cette prohibition n'existe pas à l'égard des père et mère ou autres ascendants. « Encore bien qu'ils « soient tuteurs, la piété filiale doit se présumer « plutôt que la violence ou l'autorité. » (Exposé des motifs, par Bigot-Préameneu. Séance du 2 floréal an XI).

E. Enfin, il est impossible de rien léguer aux établissements religieux ou civils, non autorisés par le Gouvernement : ces établissements sont aux yeux de la loi comme s'ils n'existaient pas. Toute disposition faite en leur faveur devra être, sur la demande des héritiers légitimes, déclarée nulle : on ne lègue pas au néant. Or, ce serait léguer au néant, que de léguer à un établissement dont « la personnalité « juridique, qui seule pourrait être le sujet de la « disposition, n'existe aucunement » (Demolombe, t. I, n° 586). C'est une application de l'art. 906 qui n'a pas voulu, comme nous l'avons fait remarquer plus haut, qu'il y ait incertitude sur la transmission de la propriété.

M. Troplong, après avoir reconnu au n° 511 de son II⁰ tome, ce principe comme l'un des plus puissants motifs déterminants de l'art. 906, semble l'oublier au n° 612, où il considère comme permis de léguer à un établissement religieux existant de fait, sous la condition, expresse ou tacite, que le Gouvernement reconnaîtrait légalement son existence. Que sont devenus l'art. 906 et les motifs qui l'ont inspiré? M. Troplong va même, dans son n° 613, jusqu'à déclarer qu'on peut valablement léguer à une congrégation qui n'existerait pas encore de fait, parce qu'alors on est supposé léguer « à l'Église, société impérissable qui « existait au moment du décès du testateur. » Il déclare, en terminant, que « l'art. 906 ne saurait être invoqué ici que par suite d'une équivoque. » Ainsi, il semble résulter de l'opinion de M. Troplong que les congrégations non autorisées par le Gouvernement sont dans une condition beaucoup plus favorable que celles autorisées par lui; car elles peuvent, sans aucune difficulté, recevoir toutes les libéralités qui peuvent leur être faites, ce que ces dernières n'ont pas le droit de faire (art. 910 et 937). Nous ne comprenons pas comment l'éminent jurisconsulte a pu arriver à cette conclu-

sion après les principes qu'il avait posés dans ce
même n° 613, où il renvoie à un arrêt du Parlement
de Paris, du 25 août 1625, conforme à la solution
qu'il a adoptée, bien qu'il reconnaisse lui-même que
cet arrêt a été rendu sous une législation ayant pour
base des principes contraires aux idées de l'art. 906.

Le legs fait à la succursale d'une communauté autorisée, si cette succursale n'a pas été spécialement
reconnue par le Gouvernement, est-il valable?

Nous croyons qu'il faut faire une distinction et dire
que le legs sera valable si, dans les statuts de la com-
munauté-mère autorisée par le Gouvernement, il est
dit qu'elle pourra former des succursales ; car alors,
on peut considérer la succursale comme virtuellement
autorisée ; — que si, au contraire, il n'est pas stipulé
dans les statuts de la société naissante qu'elle aura le
droit de former des succursales, nous croyons qu'il
faudra considérer ce legs comme nul, parce que la
succursale, n'ayant aucune autorisation spéciale du
Gouvernement et ne pouvant invoquer en sa faveur
aucune autorisation virtuelle, n'existe pas aux yeux de
la loi ; dès lors, l'art. 906 devra être appliqué.

§ 2.

Personnes qui ne peuvent recevoir que des sommes modiques ou rémunératoires.

A. Parmi les legs qu'il est permis de faire, il n'en
est peut-être pas qui méritent plus l'attention des législateurs que ceux qu'on adresse aux établissements

civils ou aux congrégations religieuses légalement autorisés. — Aussi les articles 910 et 937 déclarent-ils,
avec une remarquable énergie, que les libéralités faites
aux établissements autorisés ne seront valables et n'auront d'effet qu'après avoir été acceptées dans les
formes voulues et avec l'autorisation spéciale du Gouvernement.

Sans doute, nos législateurs n'ont pas voulu blâmer
la générosité des hommes de bien, qui aiment à con-
sacrer tout ou partie de leur fortune à fonder ou à
enrichir les établissements dont l'utilité est universel-
lement reconnue; mais ils ont dû conférer au Gouvernement le droit de refuser son autorisation dans l'intérêt de la famille du testateur pour de fortes raisons
d'intérêt politique, de philosophie et d'économie so-
ciale, qu'il serait peut-être peu convenable à nous
d'examiner ici.

Toutes les fois donc qu'on léguera à une congrégation religieuse ou à un établissement civil autorisé,
on risquera de voir son legs réduit ou annulé.

B. Il est défendu de léguer à ses enfants naturels
plus que la loi ne leur permet de recueillir dans sa
succession : telle est la prohibition posée à l'art. 908.
Cette prohibition est établie moins en haine de ces
malheureux enfants que pour honorer le mariage et
la famille légitime.

C. De même que les enfants adultérins et incestueux, les condamnés à une peine afflictive perpétuelle
ne peuvent recevoir que des aliments (Art. 3, loi du

31 mai 1854). Ceux que leurs forfaits ont mis au ban de la société ne doivent plus connaître les jouissances du luxe, ni avoir entre les mains une fortune assez considérable pour corrompre leurs geôliers.

D. Nous n'indiquons ici que pour mémoire la prohibition relative, qui rend quelquefois le conjoint survivant incapable de recevoir la totalité de la quotité disponible ordinaire : nous nous réservons de traiter cette question, avec quelques développements, dans la seconde partie de notre thèse.

E. Il nous reste maintenant à parler de la prohibition relative, qui frappe les personnes qui ont assisté le testateur à ses derniers moments. Cette prohibition est établie à l'art. 909.

Il résulte des termes de cet article qu'on ne peut léguer qu'à titre particulier et eu égard à ses facultés :

1° Aux docteurs en médecine et en chirurgie ;

2° Aux officiers de santé ;

3° Aux pharmaciens, dont on reçoit les soins pendant la maladie dont on doit mourir ;

4° Aux ministres du culte, dont on attend les dernières consolations de la religion ;

5° Nous n'hésitons pas à penser qu'il faut étendre cette prohibition, par analogie de motifs, aux *empiriques* et à tous ceux, en général, qui exercent illégalement la médecine ou la chirurgie. — Toutefois, en ce qui concerne les empiriques, nous devons remarquer qu'il y en a deux catégories. — Parmi eux, il y en a que la stupide crédulité désigne sous le nom de *sorciers ;* ce ne sont que des escrocs. Non-seulement ils devront être condamnés au nom de la loi, mais encore ils ne pourront pas réclamer le legs, quelque modique qu'il soit, que leur faconde aura extorqué au mourant. Il y en a d'autres qu'on peut appeler les *empiriques proprement dits.* Ces derniers méritent certainement quelque faveur, puisqu'ils consacrent leur vie, avec le peu de talent qu'ils peuvent avoir, à soulager ceux qui souffrent. Pour ceux-là encore, ils sont évidemment frappés de la même prohibition que les médecins ; mais, comme eux, pourraient-ils recevoir un legs rémunératoire ? Nous n'hésitons pas à soutenir l'affirmative et nous pouvons citer, à l'appui de notre opinion, un arrêt de la Cour de Paris, du 9 mai 1820, rapporté dans Dalloz (*Répert. de Jurisp.,* t. XVI bis, page 167, note 1). Nous croyons que cet arrêt a reconnu un principe vrai. Ne serait-il pas étrange, en effet, de créer une incapacité ou une indignité que le texte de la loi ne prononce pas, et de faire une espèce de parias de ces hommes qui n'exercent l'art si précieux de guérir que parce qu'il n'y a pas, dans la localité où ils se trouvent, de médecins ou de chirurgiens assez en renom pour commander à la confiance publique ?

Que faut-il décider à l'égard des gardes-malades et des sages-femmes ? MM. Demolombe et Troplong s'accordent à penser qu'elles ne tombent pas sous la prohibition de la loi. — Nous adoptons leur avis : nos législateurs n'ont pas à craindre que ces femmes, très-respectables du reste, puissent jamais exercer une influence fâcheuse sur l'esprit de leurs malades.

En principe, il est donc prohibé de rien léguer, si ce n'est à titre particulier, aux personnes dont on reçoit les soins à ses derniers moments.

Cependant, il ne faut pas exagérer la portée de notre article et lui donner un sens qu'il n'a pas. Ce qu'il prohibe, ce sont les legs faits aux personnes dont on reçoit les soins habituels à ses derniers moments; mais il ne prohibe pas le legs fait à ces personnes, en tant qu'elles n'auraient donné qu'une simple consultation.

Nous croyons, avec M. Troplong (t. II, n° 642), que la prohibition posée par notre article ne devra pas atteindre le mari médecin, qui donne des soins à sa femme dans sa dernière maladie. Il est évident, en effet, qu'ici le médecin disparaît devant l'époux. — Peut-être, mais nous hésitons à nous prononcer sur ce point, devrait-on étendre cette solution au médecin donnant des soins à son ami d'enfance. — Telle est, du moins, l'opinion proposée par M. Troplong, n° 640, opinion que l'éminent jurisconsulte puise dans un arrêt du 24 juillet 1832, qui, selon lui, « montre dans quel esprit l'art. 909 doit être appliqué. »

L'art. 909, après avoir posé la prohibition qui nous occupe, déclare qu'elle ne sera pas applicable si les personnes qu'elle frappe se trouvent parentes du *de cujus*, jusqu'au quatrième degré inclusivement, pourvu qu'il ne laisse pas d'héritiers en ligne directe, à moins qu'elles ne soient elles-mêmes au nombre de ces héritiers.

F. Il ne suffit pas de faire des lois, il faut encore leur donner une sanction. — Or, la sanction des prohibitions que nous venons d'indiquer se trouve à l'art. 911.

« Toute disposition, nous dit cet article, au profit
« d'un incapable, sera nulle, soit qu'on la déguise
« sous la forme d'un contrat onéreux, soit qu'on la
« fasse sous le nom de personnes interposées. »

Nous n'avons pas à nous occuper ici de l'hypothèse d'une libéralité faite sous la forme d'un contrat à titre onéreux; nous devons seulement nous occuper des personnes réputées interposées, et auxquelles on ne pourrait, pour ce motif, faire aucune libéralité.

Notre art. 911 indique lui-même quelles personnes doivent être rangées dans cette catégorie.

« Sont réputées personnes interposées, dit-il :
« Les père et mère;
« Les enfants et descendants,
« Et l'époux de la personne incapable. »

Inutile d'indiquer les motifs de cette prohibition : les liens du sang et ceux de l'affection, qui unissent généralement ces personnes à celle qui est incapable de recevoir, sont tels que léguer à l'une ou léguer à l'autre produirait le même résultat : leurs bourses sont communes, ou plutôt il n'y a qu'une bourse, celle du père de famille; c'est, du moins, ce qu'ont pensé nos législateurs, et voilà pourquoi ils ont édicté cette prohibition.

Conformément à l'opinion du savant doyen de la Faculté de Caen (t. I, n° 651 et suiv.), nous croyons qu'il ne serait pas possible d'étendre cette présomption à d'autres personnes que celles désignées par notre article : les présomptions légales ne peuvent être étendues (art. 1350). Cependant, s'il est évident que le testateur ait voulu frauder la loi : si, par exemple, il avait légué au frère ou à la sœur de l'incapable, à condition de remettre à l'incapable le montant du legs, il faudrait y voir non plus la *présomption* d'interposition de personnes, mais la *preuve* de cette interposition. Il y aurait fraude à la loi, et suivant le cas, il faudrait appliquer ou l'art. 1131 ou l'art. 896.

MM. Demolombe et Troplong vont même jusqu'à penser que le fidéicommis tacite en faveur d'un incapable pourrait se prouver par tous les genres de preuves. (Demolombe, t. I, n° 634. — Troplong, t. II, n° 703.)

Le legs fait au père, à la mère, aux enfants ou à l'époux de la personne incapable est-il nul pour le tout, ou seulement réductible à la quotité dont le testateur aurait pu disposer envers cette personne ? Évidemment ce legs ne sera que réductible, comme il le serait s'il avait été adressé directement à la personne incapable.

Arrivons maintenant à la seconde partie de notre sujet.

DEUXIÈME PARTIE.

DISPONIBILITÉ.

Respecter la famille qui est l'arche sainte, inviolable, et la propriété qui n'est que l'accumulation des produits par le travail.

(DURUY, Hist. de France, p. 260.)

Une des choses qui préoccupent le plus l'homme à ses derniers moments, c'est la pensée de quitter tous ceux qu'il a aimés et de laisser dans une situation précaire les personnes qui, à cause des liens du sang et de l'amitié, étaient doublement chères à son cœur, et s'étaient accoutumées à compter sur les fruits de son travail et les lumières de son expérience. A ce grave sujet de préoccupation, se joignent aussi le souvenir des services reçus et qu'on n'a pas suffisamment récompensés, le besoin de réparer les dommages qu'on a pu occasionner et en même temps le désir bien légitime de perpétuer, même au-delà du tombeau, les saintes amitiés, malheureusement trop rares, qui font le charme de la vie.

De là, ces conseils et ces recommandations (dont,

au reste nous n'avons pas à nous préoccuper, puisqu'ils n'ont rien d'obligatoire); de là la reconnaissance des enfants naturels, — la nomination de tuteurs; — les partages d'ascendants, — les avantages faits à tel ou tel enfant, — les substitutions, — les legs faits à des parents, à des amis, à son époux; — la clause de révocation d'un testament antérieur; — enfin, celle par laquelle on nomme un ou plusieurs exécuteurs testamentaires.

Tous ces objets, dans leur ensemble, constituent le *droit de tester;* nous consacrons à chacun d'eux un chapitre spécial, afin de les traiter avec le plus de détails possibles dans le cadre restreint où nous sommes obligé de nous renfermer.

CHAPITRE I".

RECONNAISSANCE D'UN ENFANT NATUREL.

L'obligation de légitimer par mariage subséquent l'enfant naturel, dont on aurait à se reprocher la naissance, est, dans certaines circonstances qu'il ne nous appartient pas de préciser, un devoir de haute moralité. Mais, à côté de ce devoir, qui n'est pas toujours possible, il en est un autre généralement praticable et non moins sacré : c'est l'obligation de reconnaître légalement cet enfant.

Cette reconnaissance ne peut être faite que par un acte authentique (Art. 314).

Concluons-en, avec le savant doyen de la Faculté de

Caen (Demolombe, *Traité de la paternité et de la filia-
tion*, n°˙ 404 et 405), que cette reconnaissance ne peut
avoir lieu ni par un testament olographe, ni même
par un testament mystique, mais qu'elle peut être
faite dans un testament par acte public.

Une grave question se présente ici : La reconnaissance de cet enfant survivra-t-elle à la révocation
que le testateur pourra faire de ce testament?

Malgré l'imposante autorité du savant professeur,
que nous avons des raisons toutes particulières de vé-
nérer, nous adoptons l'opinion contraire à la sienne.
Nous croyons que la reconnaissance ainsi faite est irrévocable et produit ses effets immédiatement.

CHAPITRE II.

NOMINATION DE TUTEURS, DE CURATEUR AU VENTRE, DE CONSEIL DE TUTELLE A LA FEMME SURVIVANTE.

L'homme qui se voit mourir, s'il est époux et père,
s'efforcera d'assurer à sa femme et à ses enfants le
meilleur avenir possible. Il ne peut prendre aucune
mesure de protection légalement obligatoire pour celle
qui va devenir sa veuve ; mais la loi lui donne le
moyen de rendre encore de grands services à ses enfants, par les dispositions qu'elle lui permet de faire
dans son testament. Sur ce point, du reste, la femme
a à peu près les mêmes droits que le mari ; nous aurons soin d'en signaler les différences.

La tutelle des enfants appartient de plein droit au

survivant des père et mère, lors même qu'il serait lui-même encore mineur (art. 390 et 442). La loi est même tellement formelle (art. 390 et 397) que celui des deux qui meurt le premier ne pourrait écarter de cette fonction son conjoint, survivant ou indigne. — Dans ces deux cas, l'exclusion sera prononcée par le conseil de famille, qui seul aura le droit de choisir un tuteur.

Lorsque c'est le père qui meurt le premier, il peut, aux termes de l'art. 391, nommer à la mère survivante et tutrice un conseil spécial, sans l'assistance duquel elle ne pourra faire aucun acte de la tutelle ou seulement quelques-uns. La mère survivante sera alors rarement tentée d'user du droit créé en sa faveur par l'art. 394, aux termes duquel elle peut renoncer à la fonction de tutrice : la tutelle, en effet, ne sera plus guère pour elle qu'une charge honorifique.

Nous devons maintenant nous occuper de la nomination d'un tuteur par le dernier mourant des père et mère. L'art. 397, qui leur confère ce droit, est ainsi conçu :

« Le droit individuel de choisir un tuteur, parent
« ou même étranger, n'appartient qu'au dernier mou-
« rant des père et mère. »

Tel est le principe.

Toutefois, il faut observer qu'aux termes de l'art. 400, le choix fait par la mère remariée et maintenue dans la tutelle ne sera valable qu'après avoir été homologué par le conseil de famille, et qu'aux termes de l'art. 399, la mère remariée non maintenue dans la tutelle perd tout-à-fait ce droit.

Nous croyons que l'art. 399 n'est, du reste, que l'application de cet adage vulgaire (qu'on nous pardonne de le citer) : « *Nemo dat quod non habet ;* » qu'en d'autres termes, pour avoir le droit de nommer un tuteur, il faut l'être soi-même. — Nous croyons donc que le principe posé à l'art. 399, relativement à la mère remariée non maintenue dans la tutelle, doit s'étendre aux parents qui en auraient été écartés comme incapables ou indignes.

Cependant, nous croyons qu'il faudrait faire fléchir le principe en faveur des fonctionnaires et dignitaires, dont il est fait mention aux art. 427 et 428.

Les père et mère d'un enfant naturel reconnu ont-ils le droit de nommer un tuteur?

Conformément au principe que nous venons de reconnaître, nous devrons d'abord nous demander si le père ou la mère d'un enfant naturel reconnu sont ses tuteurs légitimes? Sur ce point, deux systèmes sont en présence.

Quelques auteurs prétendent que, la loi n'ayant pas établi de tutelle légale en faveur des enfants naturels, le père ou la mère de ces enfants ne sont pas de plein droit leurs tuteurs. Ils peuvent, disent ces auteurs, être nommés par un conseil de famille composé de personnes désignées par le juge de paix pour avoir des relations d'amitié avec le père ou la mère de l'enfant naturel.

D'autres auteurs soutiennent, au contraire, que les père et mère de l'enfant naturel sont ses tuteurs légitimes, bien que la loi ne les désigne pas de ce nom. Ils invoquent, à l'appui de leur opinion, un grand intérêt d'ordre public qui ne veut pas qu'on fasse trop de bruit autour du berceau de l'enfant naturel qui, n'ayant pas de parents, ne peut avoir de conseil de famille. Aucune loi, d'ailleurs, n'autorise le juge de paix à former, pour tenir lieu du conseil de famille, une sorte de congrès d'amis plus ou moins inconnus des père ou mère de l'enfant naturel. Rien du reste, disent-ils, ne semble plus convenable que de confier la charge de la tutelle au père ou à la mère qui a reconnu le fruit de sa faute.

C'est à l'opinion de ces derniers que nous nous rangeons ; ce qui nous permet de répondre à la question que nous nous sommes posée : que, selon nous, les père ou mère de l'enfant naturel, tuteurs légitimes de cet enfant, peuvent lui nommer un tuteur dans leur testament.

Le choix d'un tuteur, par le dernier mourant des père et mère, ne produira effet que si l'individu appelé à cette fonction se trouve dans la catégorie de ceux qui pourraient être nommés par le conseil de famille (Art. 401).

Ce que nous venons de dire, pour l'efficacité du choix d'un tuteur, s'applique également au choix d'un curateur au ventre et d'un conseil de tutelle à la mère survivante. Telle est, du moins, l'opinion que nous croyons pouvoir adopter, bien que la loi ne s'en explique pas formellement.

Puisqu'il est permis au père ou à la mère, dernier mourant, de nommer le tuteur de leurs enfants, nous croyons, à plus forte raison, bien qu'aucun texte ne le dise, qu'ils peuvent nommer le subrogé-tuteur.

Pour nous, l'art. 420 n'est applicable que lorsque le père ou la mère, dernier mourant, ne se sont pas acquittés de ce soin.

Peut-on, d'après le Code Napoléon, comme sous la loi romaine, nommer un tuteur *sub conditione, ad tempus* ou *ex certo tempore* ; peut-on nommer aujourd'hui, comme cela était permis autrefois, plusieurs tuteurs simultanément? Nous répondrons négativement à toutes ces questions ; car il faut user des droits concédés par la loi comme la loi a voulu qu'on en usât. Or, partout, la loi suppose la nomination d'un tuteur unique, nommé purement et simplement pour tout le temps que devra durer la minorité des enfants ; — nous devons donc en conclure que le Code Napoléon a virtuellement aboli toutes les modalités permises par Droit romain sur les nominations de tuteur.

CHAPITRE III.

PARTAGES D'ASCENDANTS.

Nous abordons maintenant l'importante matière du partage d'ascendant.

L'art. 1075, qui consacre ce droit, est ainsi conçu :

« Le père et la mère, et autres ascendants, pourront « faire entre leurs enfants et descendants la distri- « bution et le partage de leurs biens »

L'ascendant, sage et prévoyant, qui aura le malheur d'avoir parmi ses descendants ou des interdits ou des absents, ou des enfants mineurs, ne manquera jamais

d'user de ce droit afin, d'une part, d'éviter à ses enfants les frais et les inconvénients du partage judiciaire que la loi oblige de faire dans ces circonstances ;
et, d'autre part, afin d'attribuer à chacun de ses enfants la part qui lui convient le mieux, en évitant
ainsi, par une intelligente répartition de sa fortune,
les hasards du tirage au sort commandé par l'art. 834.

Mais ce ne sera pas seulement quand l'ascendant
aura parmi ses descendants des enfants interdits,
absents ou mineurs, qu'il croira utile de faire ce
partage : il le fera même entre ses enfants majeurs,
capables et présents, quand il prévoira que leur dé-
plorable cupidité pourrait, dès le lendemain de sa
mort, les entraîner dans ces procès d'autant plus honteux qu'ils naissent entre ceux que la nature semblait
avoir rapprochés pour être éternellement unis.

C'est principalement en vue de cette dernière hypothèse que le partage d'ascendant a été organisé ; on
y a vu un gage de paix pour les familles, et c'est
par ce côté qu'il prend place au milieu de nos p'us
grandes et de nos plus morales institutions.

L'exercice de ce droit a été jugé tellement important par nos législateurs qu'ils ont permis de l'exercer
soit par acte testamentaire, soit par acte entre vifs
(art. 1076). — Nous n'avons pas à nous occuper des
partages faits en cette dernière forme : nous devons
seulement nous demander quelles personnes ont le
droit de faire le partage d'ascendant testamentaire ; —
entre quelles personnes il peut avoir lieu ; — dans
quelles proportions il doit être fait ; — sur quels biens
il peut porter.

§ 1er.

Et d'abord, quelles personnes ont le droit de faire un partage d'ascendants ?

L'art. 1075 répond, sans faire aucune distinction : Le père, la mère et autres ascendants.

Concluons-en, qu'aucune autre personne ne pourra faire un partage obligatoire entre ses légataires ou même ses héritiers présomptifs, à moins qu'elle ne déclare formellement que le partage qu'elle fait sera soumis aux conditions de validité et aux effets que la loi attache, de *sa pleine autorité*, au partage d'ascendants.

Pour ce qui est du partage fait par un descendant entre ses ascendants réservataires, ce partage ne sera jamais obligatoire, et toute clause contraire devra être réputée non écrite comme illégale (art. 900). Si l'un des ascendants se trouvait lésé dans sa réserve par ce partage, il pourrait en demander la nullité, quelque minime que soit la lésion qu'il éprouve. Nous verrons, au contraire, que celui des descendants qui éprouve une lésion devra néanmoins respecter le partage, à moins que cette lésion ne soit de plus du quart à son préjudice (art. 1079).

§ 2.

Entre quelles personnes peut-il et doit-il être fait ?

L'art. 1078 nous le dit : Il doit être fait, à peine de nullité, entre tous les enfants qui existeront à l'époque du décès de l'ascendant partageur et les descendants de ceux prédécédés. Ce n'est ici, du reste, que l'application du principe de représentation posé en matière de successions.

Nous concluons de là que les enfants adultérins ou incestueux, auxquels le testateur ne doit que des aliments (art. 762), n'ont aucun titre à figurer au partage.

Pour ce qui est des enfants légitimés et adoptifs , ils sont traités comme les enfants légitimes : leur omission entraînerait la nullité de partage.

Enfin, nous pensons qu'il doit en être de même de l'omission d'un enfant naturel légalement reconnu. En effet, bien que la loi ne lui donne pas le titre d'héritier, elle lui accorde néanmoins, à la quotité près, des droits héréditaires semblables à ceux des enfants légitimes : comme eux, « il peut provoquer le partage, demander que la part à laquelle il a droit lui soit délivrée en objets héréditaires et par voie de tirage au sort. Enfin , il est même autorisé à réclamer le rapport des avantages dont les héritiers, avec lesquels il se trouve en concours, ont été gratifiés. » (Émile Delaporte, Thèse pour le doctorat, p. 20). Cependant, le père ou la mère pourrait lui enlever son droit héréditaire, en lui faisant des libéralités suffisantes pour lui en tenir lieu (art. 761), et alors son omission dans le partage serait des plus convenables et n'aurait plus aucun inconvénient.

§ 3.

Dans quelle proportion doit-il être fait ?

Il doit être fait également entre les enfants légitimes, légitimés et adoptifs. Pour ce qui est des enfants naturels, qui n'en seraient pas écartés, ils devront recevoir la quotité que la loi leur attribue (art. 757 et 758). En d'autres termes, les enfants qui figurent dans le partage doivent recevoir la même proportion de biens que si leur ascendant était mort sans avoir fait de partage. Cependant, l'ascendant partageur peut faire à l'un, ou à quelques-uns de ses enfants, les avantages que la loi permet d'après le principe de l'art. 919.

§ 4.

Sur quels biens doit-il porter ?

Il serait dans le vœu de la loi que l'ascendant fît entrer dans son partage tous les biens qu'il laissera après lui. Cependant, la loi prévoit elle-même le cas où l'ascendant n'y aurait pas compris tous les biens qu'il laissera à ses descendants au jour de son décès, et elle déclare qu'alors les biens qui n'ont pas été compris dans le partage seront partagés, après la mort de l'ascendant, dans les formes prescrites par la loi (art. 1077).

L'ascendant peut-il comprendre dans son partage

les biens qu'il a donnés à l'un de ses descendants, avec dispense de rapport? Peut-il y comprendre la part de l'enfant indigne que la loi écartera de sa succession? Les époux mariés sous le régime de la communauté peuvent-ils partager fictivement les biens qui la composent, pour les faire entrer dans le partage d'ascendant que chacun d'eux voudrait faire entre ses enfants? Toutes ces questions, et quelques autres, se retrouveront plus naturellement placés à notre chapitre VI auquel nous renvoyons. Nous nous bornerons seulement à poser ici en principe que le partage fait dans ces diverses hypothèses sera valable toutes les fois qu'un legs fait dans les mêmes hypothèses serait lui-même valable; sauf, bien entendu, cette différence que les legs ne peuvent porter que sur la quotité disponible, tandis que le partage d'ascendant peut porter à la fois sur la portion disponible et sur la portion indisponible de la fortune du testateur.

L'ascendant partageur peut soumettre la distribution de chacune des portions de sa fortune à toutes les modalités des legs, pourvu que les conditions qu'il impose ne dérangent pas l'égalité qui doit exister, aux termes de la loi, entre les enfants.

Il nous reste à examiner une question qui n'est pas sans importance.

Quel serait le sort de la clause suivante, qui se rencontrerait dans un partage d'ascendant testamentaire :

« Je prive de la quotité disponible celui de mes
« enfants qui attaquera le partage que j'ai fait entre
« eux? »

Nous pensons que si le partage attaqué est valable, cette clause le sera également; que si, au contraire, le partage est nul, cette clause sera réputée non écrite comme ayant pour objet de sanctionner une illégalité.—C'est encore une application de ce fameux art. 900, que nous avons déjà si souvent cité.

CHAPITRE IV.

AVANTAGES PERMIS AU PROFIT D'UN ENFANT DÉTERMINÉ ET DROIT, POUR LE PÈRE DE FAMILLE, DE PRIVER UN OU PLUSIEURS DE SES ENFANTS D'UNE PARTIE DE LA FORTUNE QU'IL LAISSERA APRÈS LUI.

Le droit de priver un ou plusieurs de ses enfants d'une partie de la fortune qu'il laissera au jour de son décès constitue, pour le père de famille, un des plus puissants moyens d'obtenir de leur part le respect, la soumission et les devoirs d'assistance, que leur eût tout naturellement inspirés la piété filiale, si elle ne s'était pas éteinte en eux.

D'un autre côté, il peut se faire encore que le père ou la mère ait de justes préférences pour l'un de ses enfants, ou encore que sa sollicitude pour l'un d'entre eux soit d'autant plus grande que la faiblesse intellectuelle ou physique de cet enfant rend plus précaire son existence, ou enfin que le père ou la mère, qui a vu la ruine imméritée de l'un d'entre eux, veuille réparer cette injustice du sort par des avantages particuliers.

Ce sont ces deux ordres de considérations , et quelques autres que nous indiquerons plus tard, qui ont déterminé nos législateurs à promulguer les art. 913 et 919.— Le premier de ces articles permet de déshériter ses enfants dans une certaine proportion ; le second , d'avantager l'un ou quelques-uns d'entre eux dans la même proportion.

Personne ne doute qu'il ne soit permis de disposer de sa quotité disponible par préciput et hors part en faveur d'un de ses enfants ou descendants ; mais le legs fait à cet enfant ou descendant devra-t-il être réputé fait à titre de préciput? Nous ne le pensons pas , par cette raison que le préciput est une exception , et que les exceptions ne se présument pas.

CHAPITRE V.

SUBSTITUTIONS PERMISES.

L'amour déposé dans le cœur des père et mère pour leurs enfants ne s'arrête pas à ces derniers, il s'étend à tous ceux qui en pourront naître. De même, quand on a le malheur de n'avoir pas d'enfants ou de n'en plus avoir, on reporte tout naturellement son affection sur ses neveux et nièces. Ne sont-ils pas les dépositaires des souvenirs du passé et des espérances de l'avenir de la famille? Cette affection est même souvent si puissante qu'elle subsiste quelquefois malgré les querelles qui ont séparé le père de ses enfants, le frère de ses frères, pour retomber tout entière sur les descendants de ces derniers.

D'un autre côté, il peut se faire qu'on redoute la prodigalité ou l'incapacité de ses frères et sœurs ou de ses propres enfants, et qu'au lieu de recourir aux moyens trop rigoureux de l'interdiction ou de l'exhérédation, on sente le besoin de frapper d'indisponibilité une portion de la fortune qu'on leur laisse, afin qu'ils la transmettent comme un dépôt sacré à leurs enfants.

Ces considérations ont servi de motifs au droit consacré par nos art. 1048 et 1049. — Ces articles sont ainsi conçus :

1048. — « Les biens dont les père et mère ont la « faculté de disposer pourront être par eux donnés, « en tout ou en partie, à un ou plusieurs de leurs en- « fants par actes entre vifs ou testamentaires, avec la « charge de rendre ces biens aux enfants nés et à « naître au premier degré seulement desdits dona- « taires. »

1049. — « Sera valable, en cas de mort sans en- « fants, la disposition que le défunt aura faite par « actes entre vifs et testamentaires, d'un ou plusieurs « de ses frères ou sœurs, de tout ou partie de ses « biens qui ne sont pas réservés par la loi dans sa « succession, avec la charge de rendre ces biens aux « enfants nés et à naître au premier degré seulement « desdits frères ou sœurs donataires. »

L'art. 1050 décide que « les dispositions permises « par les deux articles précédents ne sont valables

« qu'autant que la charge de restitution sera au profit
« de tous les enfants nés et à naître du grevé, sans
« exception ni préférence d'âge ou de sexe, »

À la simple lecture de ces articles, on voit claire-
ment :

1° Qu'aujourd'hui les substitutions ne sont plus permises qu'au *profit des descendants de ses propres enfants ;*

2° Ou, quand *on meurt sans enfants, au profit des
descendants d'un ou de plusieurs de ses frères et
sœurs.*

Que décider cependant si la personne qui veut
faire une substitution soit au profit de ses neveux
ou nièces, soit au profit de ses propres descendants,
laisse en dehors du partage un enfant naturel légalement reconnu ? Nous appliquerons ici, par analogie,
le principe posé à l'art. 960, par lequel il est reconnu
que la survenance d'un enfant naturel ne suffit pas
pour révoquer une donation entre vifs faite antérieurement ; nous dirons donc que la survenance
d'un enfant naturel ne peut entraîner la ruine d'un
partage d'ascendant fait même par acte entre vifs
(ce qui est permis, art. 1048) et qu'à plus forte raison
sa présence ne rendra pas nul le partage d'ascendant
testamentaire, pourvu, toutefois, que celui dont il
émane ait eu soin d'écarter cet enfant de sa succession en lui faisant une libéralité dans les termes de
l'art. 761. Nous ne croyons pas que cette solution soit
applicable dans le cas où le partageur aurait, au
lieu d'un enfant naturel, un enfant adoptif ; car les
mêmes droits successifs sont assurés aux enfants adop-

tifs qu'aux enfants légitimes (350), et leur présence doit produire les mêmes effets.

3° Que les substitutions ne sont permises qu'en faveur des descendants *au premier degré seulement* de ses propres enfants, ou de ceux de ses frères et sœurs; c'est-à-dire que, si les appelés viennent à mourir, la substitution ne profitera pas à la progéniture qu'ils auraient pu avoir ; à moins que l'un de ceux appelés à la recueillir n'ait survécu ;

4° Qu'elles doivent être faites sous la condition que *tous les enfants nés et à naître du grevé, sans préférence d'âge ni de sexe*, seront appelés à en profiter ;

5° *Qu'elles ne peuvent porter que sur la quotité disponible ;*

6° *Que toute autre substitution est prohibée.* — Déjà, en effet, l'art. 896 avait posé le principe de la prohibition des substitutions, qui étaient devenues, par la manière dont elles étaient organisées, une des institutions les plus anti-économiques et les plus immorales de l'ancien régime. — Sous ce dernier rapport, nous ne pouvons nous empêcher de citer ici les propres termes de Napoléon Ier, qui en met vigoureusement en relief le principal inconvénient :
« Elles tenaient, disait-il, dans un état misérable
« tous les membres de la même famille pour donner
« à un seul l'éclat du rang ! Elles substituaient, dans
« le cœur du père, l'orgueil du nom à l'amour pa-
« ternel, et détruisaient la famille en introduisant
« entre les enfants des ferments éternels de discorde
« et de haine. »

Bien que les articles 1048, 1049 et 1050 ne le

disent pas, il est visible que le grevé n'a sur les biens frappés de substitution qu'un droit d'usufruit, et que, par conséquent, il ne pourrait pas en faire l'objet d'un legs ou d'un avantage particulier à l'un de ses enfants. Ceux-ci les recueilleront tous comme s'ils héritaient directement et *ab-intestat* du substituant. Nous croyons, cependant, qu'il serait permis au grevé de comprendre les biens faisant l'objet de la substitution dans le partage d'ascendant qu'il ferait entre ses enfants : aucune loi ne s'y oppose, et la prévoyance y obligera souvent.

Le substituant pourrait-il écarter du bénéfice de la substitution les enfants naturels du grevé ? Malgré tout le respect que nous aurions pour une pareille clause, nous ne croyons pas qu'elle puisse être admise ; car les enfants naturels ont des droits héréditaires analogues, à la quotité près, à ceux des enfants légitimes ; or, les biens sur lesquels porte la substitution peuvent, comme nous venons de le remarquer, être considérés comme une hérédité que tous les enfants, quel que soit leur titre, doivent recueillir dans la proportion déterminée par la loi.

Nous n'avons rien à ajouter sur les substitutions, si ce n'est que, aux termes de l'art. 1055, il est permis au substituant de *nommer un tuteur chargé de l'exécution de ses dispositions.* — Ce même article ajoute que la nomination de ce tuteur produira son effet, à moins que le tuteur désigné n'ait une des causes de dispense indiquées à la *section VI du chap. 2 du titre de la minorité, de la tutelle et de l'émancipation.*

CHAPITRE VI.

INSTITUTIONS D'HÉRITIERS ET DIVERSES ESPÈCES DE LEGS.

Après s'être occupé de ses enfants, le testateur songera à son conjoint, à ses parents, à ses amis : à tous, il voudra laisser une libéralité proportionnée aux services divers qu'il en aura reçus ; et, pour la dernière fois qu'il lui sera permis d'être libéral, il voudra l'être aussi généreusement que possible.

Nous n'avons pas à nous occuper, dans ce chapitre, de la quotité dont il est permis de disposer : ce sera l'objet du chapitre suivant. Pour le moment, nous devons seulement rechercher les diverses espèces de legs qu'il est permis de faire d'après le Code Napoléon.

« Toute personne, dit l'art. 967, pourra disposer
« sous le titre d'institution d'héritier soit sous le
« titre de legs, soit sous toute autre dénomination
« propre à manifester sa volonté. »

De cet art. 967, il faut rapprocher l'art. 1002, qui est ainsi conçu :

« Les dispositions testamentaires sont ou univer-
« selles, ou à titre universel, ou à titre particulier.
« — Chacune de ces dispositions, soit qu'elle ait été
« faite sous la dénomination d'institution d'héritier,
« soit qu'elle ait été faite sous la dénomination de
« legs, produira son effet suivant les règles ci-après

« établies pour les legs universels, pour les legs à
« titre universel et pour les legs particuliers. »

Grande est la haine de nos législateurs pour les for-
mules sacramentelles et les termes consacrés : elle se
montre à notre art. 967, elle se montre encore à
l'art. 1002 ; elle éclate partout où elle a l'occasion de
paraître.

Cependant il résulte visiblement de ces deux articles
que nous venons de citer, que dans la langue du Code
les libéralités testamentaires sont désignées par le mot
legs, et qu'il y a trois espèces de legs: le *legs universel*, le legs à *titre universel* et le legs à *titre particulier*. Nous essaierons de les caractériser successivement.

Les trois espèces de legs reconnues par le Code se
différencient par l'étendue de la vocation de chacun
d'eux.

Celui de tous dont la vocation est la plus étendue
est le *legs universel*, que l'art. 1003 définit ainsi :

« Le legs universel est la disposition testamentaire
« par laquelle le testateur donne à une ou plusieurs
« personnes l'universalité des biens qu'il laissera à
« son décès. »

Cette définition n'est pas exacte. Il est reconnu una-
nimement, par la doctrine et la jurisprudence, que ce
qui constitue le legs universel ce n'est pas la *dation* de
l'universalité des biens que le testateur laissera au
jour de son décès, mais la *vocation* à l'universalité de
ces biens. — En d'autres termes, un legs ne sera pas
moins universel quand même il ne porterait, au jour
de l'ouverture de la succession, que sur une portion

minime des biens du testateur, ou quand même il ne reposerait alors sur aucun objet particulier, pourvu qu'il donne vocation éventuelle à l'universalité de la fortune du *de cujus*, et que cette vocation s'étende à tous les accroissements prévus ou imprévus, quels qu'ils soient, que ces biens puissent avoir par la suite. Peu importe, du reste, que le testateur ait ou non connu avant son décès tous les biens qui composaient son patrimoine.

L'art. 1010 donne la définition suivante du legs à *titre universel* :

« Le legs à titre universel est celui par lequel le « testateur lègue une quote-part des biens dont la loi « lui permet de disposer, telle qu'une moitié, un tiers, « ou tous ses immeubles, ou tout son mobilier, ou « une quotité fixe de tous ses immeubles ou de tout « son mobilier. »

Ce legs ressemble au legs universel en ce que, comme lui, il est susceptible de tous les accroissements prévus ou imprévus des biens sur lesquels il porte et que, souvent, il pourra embrasser des biens dont le testateur n'avait jamais cru avoir la propriété.—Mais il en diffère en ce qu'il est borné par la quotité fixée par le testateur, ou ne peut porter que sur une espèce de biens déterminés (tous les meubles, par exemple, ou tous les immeubles).

Le *legs particulier* est défini par l'art. 1010 *forma negandi*. Nos législateurs, après avoir donné antérieurement la définition du legs universel et du legs à titre universel, terminent l'art. 1010 en disant : «Tout « autre legs ne forme qu'une disposition à titre par- « ticulier. »

Les caractères distinctifs de ce legs sont, d'une part, qu'il ne peut porter que sur un objet particulier, cet objet fût-il une universalité ; et, d'autre part, qu'il ne peut jamais s'étendre au-delà de cet objet en y comprenant, bien entendu, tout ce qui pourra s'y ajouter par voie d'accession.

Nous remarquerons :

1° Qu'aucune de ces trois espèces de legs ne s'exclue et qu'elles peuvent se rencontrer simultanément dans le même testament. Nous dirons même qu'on peut y trouver plusieurs legs à titre universel ;

2° Que, quelle que soit l'étendue de ces divers legs, ils ne peuvent jamais, séparés ou réunis, excéder la quotité disponible;

3° Enfin que chacun de ces legs peut reposer à la fois sur la tête de plusieurs légataires; qu'alors, on aura des légataires conjoints dont les droits sont réglés par les articles 1044 et 1045.

Nous sortirions de notre sujet en examinant ici les principales difficultés d'interprétation qui peuvent s'élever sur l'étendue de ces diverses espèces de legs, ou celles qui peuvent naître à l'occasion des legs conjoints. Nous en sortirions encore si nous traitions des effets que doit produire chacun d'eux. Et cependant, toutes ces considérations devront se présenter à l'esprit du testateur. Toutes les fois donc qu'il voudra faire un des trois legs permis par le Code, il devra examiner l'étendue de la vocation qu'il voudra donner à sa libéralité et choisir les expressions les plus convenables pour exprimer sa volonté.

CHAPITRE VII.

QUOTITÉ DISPONIBLE.

Le droit de disposer de sa fortune par testament a été considéré comme un corollaire indispensable de la propriété et de la liberté individuelle.

Toutefois, nos législateurs ont vu, dans leur sagesse, des inconvénients à permettre la jouissance illimitée de ce droit ; et ils ne l'ont accordée dans sa plénitude absolue qu'aux individus qui, n'ayant plus d'ascendants, meurent sans laisser de postérité (art. 916). — Considérant comme utile à la prospérité publique de maintenir la richesse dans la famille de ceux qui avaient su la conquérir, ils ont frappé d'indisponibilité une partie de la fortune de toute personne ayant des descendants ou des ascendants. — Cependant, quels que soient le nombre et la qualité des héritiers réservataires, ils ont dû laisser une certaine latitude dans le droit de disposer à titre gratuit. — Ils ont d'ailleurs vu dans ce droit un moyen de fortifier la puissance du père de famille, en lui permettant tantôt d'avantager ceux de ses enfants qui avaient bien mérité de sa tendresse, tantôt de priver d'une portion de la fortune, qui aurait dû leur revenir, ceux de ses enfants assez dépravés pour méconnaître les sentiments de respect et de vénération qu'on doit aux auteurs de ses jours. — C'est principalement aussi dans le but de fortifier les liens de famille qu'ils n'ont pas voulu créer de réserve en faveur des collatéraux, même les plus proches.

Nous diviserons ce chapitre en deux sections : — dans la première, nous examinerons la quotité disponible ordinaire, c'est-à-dire la portion de la fortune dont on peut disposer à l'égard d'un étranger ; — dans la seconde, nous examinerons la quotité disponible spéciale entre époux.

SECTION Ire.

QUOTITÉ DISPONIBLE ORDINAIRE.

Afin de mettre le plus de clarté possible dans notre travail, nous répartirons la matière de la présente section entre trois paragraphes.

Dans le premier, nous examinerons la quotité disponible d'un testateur ayant des descendants légitimes ;

Dans le second, sa quotité disponible, quand il n'aura pas de descendants, mais des ascendants ;

Dans le troisième, sa quotité disponible, quand il aura des enfants naturels soit seuls, soit en présence d'autres héritiers.

§ 1er.

Quotité disponible du testateur qui laisse après lui des enfants légitimes, légitimés ou adoptifs.

Occupons-nous d'abord de la quotité disponible

d'un testateur ayant un ou plusieurs enfants légitimes.

L'art. 913 pose, sur ce point, une règle fort simple :

« Les libéralités, dit-il, soit par actes entre vifs,
« soit par testament, ne pourront excéder la *moitié* des
« biens du disposant s'il ne laisse à son décès qu'un
« enfant légitime ; le *tiers*, s'il laisse deux enfants ;
« le *quart*, s'il en laisse trois ou un plus grand
« nombre. »

Ainsi, le taux de la quotité disponible diminue à mesure que le nombre d'enfants augmente, jusqu'à ce qu'il ait atteint le nombre de trois. — Jusque-là, il est gradué de telle sorte qu'il est égal à celui de la portion qui doit revenir à chaque enfant, déduction faite de la libéralité. — Mais là s'arrête la gradation : nos législateurs n'ont pas voulu que la quotité disponible puisse jamais être moindre du quart de la fortune totale du testateur. — Quand il y a plus de trois enfants, les réserves de chacun d'eux se restreignent l'une par l'autre, de manière à laisser toujours au testateur le minimum de la quotité disponible que nous venons de reconnaître.

L'art. 913 fixe la quotité disponible eu égard au nombre des enfants légitimes (ils y sont spécialement mentionnés) et aussi des enfants légitimés et adoptifs, puisqu'ils ont, les premiers d'après l'art. 333, les seconds d'après l'art. 350, les mêmes droits que les enfants légitimes.

Le testateur doit-il, pour apprécier le taux de sa quotité disponible, compter son enfant absent ? S'il n'écoute que la voix de la nature, évidemment il le comptera ; mais, s'il ne consulte que la loi, il verra qu'il peut disposer de la part qui lui serait revenue. Vainement, en effet, ses autres enfants réclameraient après sa mort contre les libéralités excessives qui dé-pouillent leur frère absent : ils seraient repoussés par la force des art. 725 et 135.

Devra-t-il compter l'enfant indigne ? Nous n'hési-tons pas à soutenir la négative, pour le cas où l'indigne n'aurait pas de descendants. Il sera écarté de la suc-cession, et, perdant le titre d'héritier, il perdra en même temps celui de réservataire. Comment pour-rait-il alors compter pour fixer le taux de la quotité disponible ?

Au contraire, il faudra soutenir l'affirmative dans le cas où l'enfant indigne aurait des descendants : — ceux-ci, en effet, sont appelés à recueillir la part qui lui serait échue (art. 730), et ils viennent à la suc-cession à titre de réservataires, par une sorte de re-présentation organisée avec des principes spéciaux que nous n'avons pas à examiner.

Nous rejetons à notre § 3 ce que nous avons à dire sur les restrictions plus ou moins considérables qu'ap-porte à la quotité disponible la présence des enfants naturels reconnus.

Pour ce qui est des enfants incestueux et adultérins, ils ne sont pas héritiers : ils n'ont sur la succession de leur auteur qu'une créance alimentaire, dans le cas où ce dernier ne les aurait pas mis en état de gagner leur vie, et s'il possède une fortune assez considérable pour solder cette dette alimentaire (art. 762-763-764).

Il nous reste maintenant à nous occuper de l'hy-

pothèse où parmi les enfants du testateur il s'en trou-
verait un ou plusieurs prédécédés, laissant eux-mêmes
de la postérité. Cette hypothèse est prévue par l'art.
914 , qui est ainsi conçu :

« Sont compris dans l'article précédent (celui dont
« nous venons de nous occuper), sous le nom d'*en-
« fants*, les descendants à quelque degré que ce soit ;
« néanmoins, ils ne comptent que pour l'enfant qu'ils
« représentent dans la succession du disposant. »

Nous devons rapprocher de cet article l'art. 740, qui
est ainsi conçu :

« La représentation a lieu à l'infini dans la ligne
« directe descendante. Elle est admise dans tous les
« cas, soit que les enfants du défunt concourent avec
« les descendants d'un enfant prédécédé, soit que, tous
« les enfants du défunt étant morts avant lui, les des-
« cendants desdits enfants se trouvent entre eux en
« degrés égaux ou inégaux. »

De la combinaison de ces deux articles, nous tirons
la règle suivante, qui sera vraie toutes les fois que le
Code n'y fera pas d'exception formelle :

Toutes les fois qu'un testateur a eu plusieurs enfants,
parmi lesquels il y en a qui survivent et d'autres qui,
après avoir laissé eux-mêmes un ou plusieurs descendants, sont prédécédés, il devra, pour faire le calcul de
sa quotité disponible, réputer vivants son ou ses enfants prédécédés, et réserver en faveur de leurs descendants la portion qu'ils auraient eux-mêmes recueillie
s'ils eussent survécu.

§ 2.

Quotité disponible du testateur laissant après lui des ascendants.

Un testateur meurt sans enfants, mais il laisse un ou plusieurs ascendants dans chacune des deux lignes paternelle et maternelle : la moitié de sa fortune fournira leur réserve; l'autre moitié sera son disponible (art. 914).

S'il ne laisse d'ascendants que dans une ligne, quel qu'en soit le nombre, il pourra disposer des trois quarts de sa fortune (même article).

Si le testateur laisse après lui son père ou sa mère, ceux-ci auront toujours la réserve que la loi leur accorde, et sa quotité disponible en sera diminuée d'autant.

Mais si, au lieu de son père ou de sa mère, le testateur laisse des ascendants plus éloignés et en même temps des frères et sœurs : ceux-ci, excluant les ascendants de la succession (art. 750), les priveront-ils de leur réserve par l'effet de leur présence, et le testateur pourra-t-il disposer de la totalité de ses biens ? L'affirmative nous paraît admissible ; en effet, les ascendants écartés de la succession par la présence des frères et sœurs du disposant perdent, par là même, leur droit à la réserve; car la première condition, pour être héritier réservataire, c'est d'être héritier.

Y a-t-il dans la succession de l'enfant naturel une réserve au profit du père ou de la mère qui l'a reconnu?

Nous ne le pensons pas : aucun texte, en effet, ne crée ce droit en faveur du père ou de la mère, dans la succession de celui dont la naissance a été le résultat de leur faute. La réserve est un droit d'exception qui ne doit appartenir qu'à ceux pour lesquels la loi l'a établi. Il en résulte que l'enfant naturel, mourant sans postérité, pourra disposer de la totalité de sa fortune.

Pour ce qui est des enfants adoptifs, aucun doute sérieux ne peut s'élever en présence des art. 351 et 352 sur le point de savoir s'ils doivent, pour fixer le taux de leur quotité disponible, compter ou non la personne qui les a adoptés. Évidemment, ils ne le devront pas, puisque celle-ci n'est pas appelée à recueillir leur succession, qui doit retourner à leur propre famille.

Ajoutons, en terminant, que le testateur mourant sans postérité, s'il a reçu des libéralités d'un de ses ascendants, ne peut, dans le cas où cet ascendant doit lui survivre, disposer par testament des objets qui les composent ou du prix qui peut en être encore dû ; car les ascendants sont appelés à les reprendre (art. 747).

§ 3.

Quotité disponible d'un testateur laissant un ou plusieurs enfants naturels.

Nous devons aborder maintenant la douloureuse et obscure question des modifications qu'apporte souvent à la quotité disponible du testateur la présence des enfants naturels.

Le laconisme regrettable avec lequel nos législateurs ont glissé sur cette difficile matière, a fait surgir une foule de systèmes. Ne pouvant les discuter tous ici sans allonger outre mesure notre thèse déjà trop longue, nous nous contenterons d'exposer celui qui nous a paru le plus en harmonie, tant avec la lettre qu'avec l'esprit de la loi.

Bien que le Code, pour honorer la famille légitime, refuse aux enfants naturels le titre d'héritiers (art. 756), nous pensons que, sous un autre titre, il leur accorde, sur la succession du père ou de la mère qui les a reconnus, les mêmes droits, à la quotité près, qu'aux enfants légitimes (Demolombe, t. II, n° 149). Ce qui le prouve, c'est que, comme Marcadé le fait fort judicieusement remarquer, leur droit n'est pas « calculé « d'une manière absolue et indépendante, mais établi « comme une fraction du droit de l'enfant légitime. » Or, il est de principe que la partie est, dans sa nature, toujours identique au tout.

Nous rejetons donc ici l'opinion de M. Troplong, qui ne veut voir dans les enfants naturels que des créanciers de la succession (n°ˢ 771 et suiv.). Singuliers créanciers, en effet, que ceux auxquels l'éminent auteur reconnaît, contrairement à toutes les règles du Droit, le pouvoir de faire réduire les donations faites par leur débiteur, antérieurement à la naissance de leur créance (n° 771), et en faveur desquels il admet un droit de réserve sur les biens de ce même débiteur ! (Même n° et suiv.)

Or, de ce que le droit héréditaire de l'enfant naturel est de même nature que celui des enfants légitimes, il s'ensuit qu'il doit aussi avoir une réserve pour lui servir de sanction.

Quelle est donc la quotité de cette réserve?

Pour répondre pertinemment à cette question, il faut savoir : d'une part, que les art. 757 et 758 fixent la *portion héréditaire* de l'enfant naturel, sur les biens de son père ou de sa mère, au tiers de la portion qu'il aurait eue s'il eût été légitime, quand il se trouve en concours avec des enfants légitimes; à la moitié, s'il se trouve en concours avec des ascendants ou des frères et sœurs légitimes de son père ou de sa mère; de trois quarts, s'il se trouve en concours avec tout autre parent au degré successible; enfin de la totalité de la fortune, quand son père ou sa mère ne laisse aucun parent qui puisse venir à sa succession. — Il faut savoir, d'autre part, que l'art. 761 fixe la *réserve* de l'enfant naturel, mais seulement dans le cas où le père ou la mère qui l'a reconnu lui a fait une donation entre vifs, avec déclaration expresse que son intention est de la réduire à la portion qu'il lui assigne, portion qui, d'après cet article, ne pourra être moindre « de la moitié de la part qu'il aurait re- « cueillie d'après les articles précédents. »

Ces principes étant admis, deux situations bien différentes peuvent se présenter : — ou le testateur, en employant le moyen indiqué à l'art. 761, a réduit son enfant naturel à la moitié de la portion à laquelle il aurait eu droit *ab intestat ;* — ou bien il ne l'a pas fait.

Dans le premier cas, la réserve de l'enfant naturel étant fixée, le testateur n'aura plus à s'en occuper.

Dans le second il devra , au contraire, chercher le taux de cette réserve. Il y parviendra en combinant les art. 913 et 915 , relatifs à la fixation de la quotité disponible, eu égard au nombre et à la qualité des héritiers réservataires de la famille légitime , avec les art. 757 et 758, relatifs à la réglementation des droits successifs des enfants naturels, et en appliquant, par analogie , les règles qui sont posées en cette matière à la détermination de sa part dans la réserve. Cette analogie se présente naturellement à l'esprit , ce qui est une garantie de son exactitude. En effet, il semble logique d'employer , pour la fixation de la quotité de la réserve des enfants naturels , le même procédé que le Code indique lui-même pour la fixation de sa quotité héréditaire (Demolombe, n° 153).

Est-il besoin de rappeler ici ce que nous avons déjà eu l'occasion de dire, quand nous nous sommes occupé des enfants légitimes, à savoir : que la survenance d'un enfant légitime, quand ceux-ci sont déjà au nombre de trois, ne peut réduire la quotité disponible au-dessous du quart de la fortune totale du testateur, et de faire remarquer qu'*a fortiori* la survenance d'un enfant naturel ne pourrait avoir ce résultat ? Faut-il ajouter que de cette observation naît une règle qu'on pourrait formuler ainsi : « Si la totalité des réserves tendait à diminuer le minimum de la quotité disponible du testateur, ces réserves devraient toutes se restreindre l'une par l'autre proportionnellement à l'émolument attribué à chacune d'elles? »

Nous terminons cette première section de notre

chapitre par une remarque importante , surtout dans ses résultats pratiques : c'est qu'il est permis au testateur de faire un legs de telle sorte qu'il sera impossible, de prime-abord, de savoir s'il a ou non dépassé sa quotité disponible. — Ce sera le cas des legs d'usufruit, de rente viagère ou de pension alimentaire. (Nous n'avons pas à nous occuper de l'effet de ces différents legs, il nous suffit de les signaler comme permis.)

SECTION II.

QUOTITÉ DISPONIBLE SPÉCIALE ENTRE ÉPOUX.

Lorsque la mort vient briser les liens du mariage, celui des deux époux qui se sent mourir éprouve le besoin de faire une dernière libéralité à son conjoint. Quoi de plus convenable que de récompenser par un suprême bienfait les pieux soins et les affectueuses consolations qu'il en a reçus souvent pendant une longue existence ? Et d'ailleurs, s'il est riche, tandis que le conjoint appelé à lui succéder ne l'est pas, n'y a-t-il pas pour lui non-seulement un devoir de reconnaissance, mais encore un devoir de haute convenance à lui faire donation de sa fortune pour lui assurer, suivant l'opinion de M. Troplong, n° 2553, « le maintien d'une existence honnête », et, comme le fait remarquer encore l'illustre jurisconsulte, pour l'empêcher de tomber, dans certains cas, « à la merci des enfants ? »

Plusieurs hypothèses peuvent se présenter ; nous

verrons, en les passant en revue, qu'il existe une quotité disponible spéciale entre époux.

1re HYPOTHÈSE.

Le conjoint testateur ne laisse ni ascendants, ni descendants.

Le Code Napoléon n'a, dans cette hypothèse, apporté aucune exception au principe du droit commun, par lequel celui qui ne laisse aucun héritier réservataire, peut disposer de la totalité de sa fortune au profit de la personne qu'il en jugera la plus digne. Il faut en conclure que le conjoint, n'ayant ni ascendants, ni descendants, pourra donner tout son bien à son conjoint survivant. N'est-il pas, d'ailleurs, bien naturel de permettre à ce dernier de recueillir la totalité d'une fortune qu'il a le plus souvent contribué à édifier ? Ainsi, le Code Napoléon a virtuellement aboli toutes les entraves créées, en cette matière, par l'ancien droit coutumier, pour la conservation des propres dans les familles (Troplong, n° 2555).

2e HYPOTHÈSE.

Le conjoint ne laisse pas de descendants, mais il laisse des ascendants.

« L'époux, nous dit l'art. 1094, pourra...., pour le « cas où il ne laisserait point d'enfants ni descen- « dants, disposer en faveur de l'autre époux de la pro-

« priété de tout ce dont il pourrait disposer en faveur
« d'un étranger, et, en outre, de l'usufruit de la to-
« talité de la portion dont la loi prohibe la disposition
« au préjudice des héritiers. »

Ainsi, dans cette hypothèse, le conjoint survivant
peut recevoir plus qu'un étranger.

Quelques auteurs ont vivement critiqué cette disposition de notre article qui, en réduisant la réserve
des ascendants à une nue-propriété dont l'usufruit
reposera sur une tête généralement beaucoup plus
jeune que la leur, rendra cette réserve presque illu-
soire, puisqu'ils ne pourraient tirer qu'un prix modique
de la nue-propriété que la loi leur laisse.

Nous nous permettrons de faire observer à ces auteurs : 1° que l'important, pour les ascendants, c'est de
ne jamais tomber dans le besoin, ce à quoi nos législateurs ont pourvu en établissant, en leur faveur, une
créance alimentaire que leurs gendres et belles-filles
seront obligés de leur fournir, le cas échéant (art. 206);
2° que ceux-ci, sans attendre les mesures de rigueur
que les ascendants pourraient prendre contre eux pour
obtenir des aliments, y seront portés tout naturellement par l'effet des bonnes relations qui se seront
établies entr'eux, et que d'ailleurs leur intérêt les engagerait à ménager, afin d'obtenir d'eux, par l'effet
d'une libéralité testamentaire, la nue-propriété dont
ils ont déjà l'usufruit ; 3° qu'enfin les ascendants eux-
mêmes verront le plus souvent avec plaisir s'enrichir
le conjoint de l'enfant dont ils pleurent la perte,
parce qu'ils auront reporté sur lui une partie de leur
affection brisée.

3ᵉ HYPOTHÈSE

L'époux testateur laisse des enfants issus de son mariage avec l'épouse qu'il veut gratifier.

« Pour le cas où l'époux testateur laisserait des en-
« fants ou descendants, il pourra donner à l'autre
« époux un quart en propriété et un quart en usufruit,
« ou la moitié de tous ses biens en usufruit seule-
« ment. »

Voilà ce que nous dit, dans son deuxième alinéa, l'art. 1094.

Cette opinion, consacrée par notre article, qui paraît bizarre au premier abord, a donné naissance à plusieurs systèmes. Voici celui auquel nous nous arrêterons :

Pour nous, l'art. 1094, en réglementant les hypothèses d'un legs d'usufruit en faveur du conjoint survivant, a voulu éviter les difficultés qui auraient pu naître, si l'art. 917 eût été appelé à les trancher. Et, liquidant à la fois les droits des enfants et les effets de la libéralité faite au conjoint survivant, il n'a pas voulu, d'une part, que les enfants communs puissent être privés de la jouissance de plus de la moitié de la fortune qui devait leur revenir; et, d'autre part, il permet à l'époux prémourant de faire plus que le legs de l'usufruit de la moitié de sa fortune.

Ainsi, tout en reconnaissant le vice de rédaction de l'art. 1094, nous sommes conduit à penser qu'il a voulu dire ceci :

« L'époux prémourant ne pourra priver ses enfants communs de plus de la moitié de sa fortune : il pourra donner l'autre moitié en usufruit à son conjoint sur-vivant, ou même, s'il le préfère, il pourra lui donner le quart en nu-propriété et le quart en usufruit. »

Et maintenant, la quotité fixée par cet article est-elle invariable, quel que soit le nombre des enfants communs ?

Ou bien, ne doit-on appliquer cet article que quand il est plus favorable au conjoint survivant que les règles du droit commun posées à l'art. 913 ?

De puissantes raisons nous font adopter l'opinion que l'art. 1094 fixe une quotité disponible invariable au profit du conjoint survivant, si nombreux que puissent être leurs enfants communs.

Et d'abord, nos législateurs, désireux de conserver aux enfants la fortune de leur père, ont cru devoir mettre certaines limites aux libéralités de ce dernier, malgré les graves restrictions que l'amour paternel devait apporter sur ce point. Combien, à plus forte raison, n'ont-ils pas craint les séductions d'un con-joint qui, bientôt libre de condition, pourrait convoler en secondes noces, et, subissant à son tour des in-fluences analogues à celles qu'il avait exercées per-sonnellement autrefois, donnerait à son nouveau conjoint, au détriment des enfants de son premier lit, la fortune qu'il avait reçue de son premier conjoint ? Ce motif aurait suffi, à lui seul, pour décider nos lé-gislateurs à créer, en faveur du conjoint survivant, une quotité disponible invariable, tenant une sorte de milieu entre le minimum et le maximum de la

quotité disponible ordinaire : « Lex arctius prohibet
« quod facilius fieri putat. »

Mais une autre raison, bien plus puissante, les y
décidait. Il ne' fallait pas que l'amour de l'argent
dégénérât en une cause de stérilité du mariage. C'est
ce qui eût pu avoir lieu, si l'un des conjoints avait
reçu de l'autre une donation au commencement de
son mariage ; car il aurait pu craindre de voir diminuer cette donation par suite de la survenance ou
de l'augmentation du nombre des enfants.

Voilà les motifs qui nous portent à croire que
nos législateurs ont créé une quotité disponible invariable entre époux.

Nous ajouterons, sur ce point, deux observations :

La première, c'est que, la loi n'ayant fait aucune
distinction suivant qu'il y aurait un nombre plus ou
moins grand d'enfants, nous ne devons pas en in-
troduire.

La seconde, c'est que nous sommes ici dans une
matière d'exception, et qu'alors les règles qui y sont
inscrites doivent être interprétées dans les termes qui
les formulent : « Exceptiones strictissimæ sunt inter-
« pretationis. »

4ᵉ HYPOTHÈSE.

**L'époux testateur laisse des enfants d'un précédent
marriage.**

L'art. 1098, qui régit cette hypothèse, est ainsi
conçu :

« L'homme ou la femme qui, ayant des enfants

« d'un autre lit, contractera un second ou subséquent
« mariage, ne pourra donner à son nouvel époux
« qu'une part d'enfant légitime le moins prenant, et
« sans que, dans aucun cas, ces donations excèdent
« le quart des biens. »

Remarquons, sur cet article :

1° Que, le nombre des enfants du premier lit fût-il
inférieur à trois, le nouveau conjoint ne pourra
jamais recevoir plus du quart de la fortune du testateur. Ici donc la quotité disponible, en faveur du
nouveau conjoint, sera moindre qu'en faveur d'un
étranger ;

2° Que, lorsque l'époux qui a convolé en secondes
noces a donné une partie de son disponible à l'un
des enfants de son premier lit, il ne pourra donner
à son nouveau conjoint la totalité du surplus du disponible ordinaire, si ce surplus est plus considérable
que la part qui doit revenir à celui de ses enfants le
moins bien loti dans sa succession. — Ici encore la
quotité spéciale entre époux sera moindre que la quotité dont il est permis de disposer, d'après l'art. 913,
à l'égard des étrangers ;

3° Qu'il ne se présentera qu'un seul cas où
l'époux, qui aura convolé en secondes noces, pourra
donner à son nouveau conjoint une part égale à
celle qu'il aurait pu donner à un étranger : ce sera
lorsque, mourant sans avoir fait aucune autre libéralité,
il laissera trois enfants légitimes, ou un plus grand
nombre, nés de son premier mariage et appelés à sa
succession ;

4° Nous remarquerons qu'il résulte des mots « second ou subséquent mariage, » que nos législateurs semblent avoir prévu l'hypothèse ou l'époux, ayant déjà des enfants du premier lit, s'engagerait postérieurement dans un ou plusieurs autres mariages successifs. Or, la personne qui forme ainsi une ou plusieurs unions successives peut donner toute sa quotité disponible spéciale entre époux à l'un quelconque de ses conjoints, ou la fractionner entre tous ;

5° Qu'il résulte des mots « enfant légitime, » que cette restriction de la quotité disponible ordinaire est établie en faveur des enfants légitimes, et non en faveur des enfants issus des débauches antérieures de l'époux disposant ;

6° Enfin, qu'il résulte des mots « l'homme ou la « femme qui, ayant des enfants d'un autre lit, » que cette restriction n'est pas établie non plus en faveur des enfants adoptifs. — C'est ce que M. Troplong fait remarquer avec une grande autorité, dans son n° 2701, où il s'exprime ainsi : « La loi, qui a craint que l'adoption ne détournât du mariage, n'a certainement pas voulu être défavorable à celui qui, après avoir adopté, chercherait dans le mariage une famille naturelle plus profondément identifiée avec lui. » — Pour ce qui est des enfants légitimés, nous avons eu l'occasion de faire remarquer qu'ils sont partout traités par le Code comme s'ils étaient légitimes ; par conséquent, la restriction de notre art. 1098 devra leur profiter comme à leurs frères et sœurs légitimes.

C'est ici le lieu de placer une remarque importante,

tant pour ce qui concerne les libéralités faites entre époux que celles qui s'adressent à des étrangers.

Nous admettons comme prouvé que les deux espèces de quotités disponibles que nous avons reconnues ne se cumulent pas, mais qu'elles se confondent jusqu'à concurrence de la plus faible (Troplong, n° 2581). — Partant de ce principe, nous considérons comme permis au testateur d'employer sa quotité disponible comme bon lui semblera, pourvu qu'il ne fasse pas à son conjoint ou aux tiers des libéralités plus fortes que la loi ne le permet; peu importe, du reste, dans quel ordre il fasse ces libéralités.

CHAPITRE VIII.

RÉVOCATION DES TESTAMENTS ANTÉRIEURS.

Nous avons remarqué, dans nos généralités, que la révocabilité est un des caractères essentiels des testaments. On ne sera donc pas surpris de rencontrer, dans un testament, une clause qui annule en tout ou en partie les testaments antérieurs, conformément à l'art. 1035.

Aucune difficulté ne pouvant s'élever sur ce point, nous n'ajouterons rien de plus.

CHAPITRE IX.

NOMINATION D'EXÉCUTEURS TESTAMENTAIRES.

Lorsqu'un testateur craint que ses dispositions testamentaires ne soient pas exactement exécutées par suite de la malveillance, de la dissipation ou de la négligence de ses héritiers et légataires universels, il peut nommer un ou plusieurs exécuteurs testamentaires (art. 1025).

Les exécuteurs testamentaires sont donc des espèces de mandataires, chargés de veiller à l'exécution des dispositions testamentaires de celui qui les a nommés.

Il en résulte qu'il faudra leur appliquer les règles du mandat, toutes les fois que la loi n'y aura pas dérogé expressément.

N'ayant à nous occuper que de leur nomination, nous remarquerons :

1° Que le testateur peut choisir pour exécuteurs testamentaires des personnes auxquelles il lui serait interdit de léguer sa quotité disponible. Aucun texte ne lui enlève ce droit; nous en concluons qu'il peut en user ;

2° Que, contrairement au droit commun qui permet au mandant de choisir son mandataire, même parmi les personnes incapables de s'obliger, le testateur devra, aux termes de l'art. 1028, choisir ses exécuteurs testamentaires parmi celles qui ont ce droit. La raison de cette différence est, comme le fait remarquer

M. Troplong dans son n° 1028, que les mandataires ordinaires sont révocables et que, d'ailleurs, leur mauvaise gestion ne nuit qu'aux intérêts de celui qui les a nommés; tandis que les exécuteurs testamentaires sont investis d'une fonction irrévocable et qu'ils sont imposés aux héritiers et légataires, envers lesquels ils doivent pouvoir répondre du tort qu'ils peuvent leur avoir causé;

3° Que de même que tout individu peut refuser d'accepter la fonction de mandataire, de même tout individu désigné pour être exécuteur testamentaire peut en décliner le titre;

4° Enfin que, pour faciliter à ses exécuteurs testamentaires la fonction qu'il leur confie, le testateur peut les constituer dépositaires de tout ou partie de son mobilier pendant an et jour, à compter de son décès. Cette espèce de dépôt prend le nom de saisine des exécuteurs testamentaires (art. 1026); mais cette saisine n'a rien de commun avec la saisine des héritiers légitimes et des légataires universels. Le testateur peut leur confier cette saisine pendant un temps moindre que celui que nous venons d'indiquer, sans pouvoir la prolonger au-delà; et même l'héritier légitime ou institué pourra toujours faire cesser cette saisine, aux termes de l'art. 1027, « en offrant de remettre « aux exécuteurs testamentaires somme suffisante « pour le paiement des legs mobiliers, ou en justifiant « de ce paiement. » Nos législateurs n'ont pas voulu, tout en donnant au testateur la certitude que ses volontés dernières seront ponctuellement exécutées, que la féconde activité des héritiers soit entravée trop fortement.

POSITIONS.

I.

L'interdit peut tester dans ses intervalles lucides.

II.

Il faut considérer comme nul le legs ainsi fait :
« Je lègue à Pierre telle somme d'argent, à condition
qu'il la remettra à une personne que je ne veux pas
nommer ici, mais dont je lui ai parlé. » — Ou bien
encore : « Je lègue à Pierre telle somme d'argent, à
condition qu'il l'emploiera conformément au secret
que je lui ai confié. »

III.

La faculté d'élire doit tantôt être réputée non écrite,
tantôt elle doit entraîner la nullité de la clause qu'elle
accompagne, tantôt elle devra être exécutée.

IV.

Tout legs fait à la succursale d'une congrégation
religieuse autorisée sera nul, s'il n'est pas dit, dans les
statuts de la congrégation-mère, qu'elle aura le droit
de former des succursales.

V.

L'enfant naturel qui meurt sans descendants, laissant le père ou la mère qui l'a reconnu, peut disposer de toute sa fortune.

VI.

Lorsqu'un testateur laisse à sa mort des enfants légitimes et des enfants naturels, s'il a eu soin de réduire ces derniers à la moitié de leur part héréditaire par l'effet d'une donation antérieure qu'il leur aurait faite dans les termes de l'art. 761, il n'aura plus à s'en occuper pour fixer le chiffre de sa quotité disponible; — si, au contraire, le testateur n'a pas fait à ses enfants naturels la donation dont parle l'art. 761, il devra leur laisser, conformément aux principes des art. 757 et 913 combinés, une réserve égale au tiers de celle qu'ils auraient eue, s'ils eussent été légitimes.

VII.

Quel que soit le nombre d'enfants, la quotité disponible entre époux est invariablement fixée au taux indiqué par le Code dans les diverses hypothèses qu'il a prévues.

VIII.

Lorsque la quotité disponible entre époux et la quotité disponible ordinaire sont différentes, elles constituent une quotité mixte dont il est permis au testateur de disposer comme bon lui semble, pourvu qu'il ne donne pas plus à son époux ou à son ami que la loi ne permet de donner à chacun d'eux.

Vu :

J. CAUVET.

Vu :

Permis d'imprimer :

Le Recteur de l'Académie,

THÉRY.

Caen, typ. F. Le Blanc-Hardel.

www.ingramcontent.com/pod-product-compliance
Lightning Source LLC
Chambersburg PA
CBHW071314030726
47594CB00002B/415